新史觀　新視野　新歷史

擴大出版領域影響力
創造學術界更大價值

香港城市大學出版社與廣西師範大學出版社自2017年建立策略夥伴合作關係，結合雙方在文化與出版上的影響力，香港城市大學出版社及廣西師範大學出版社共同策劃，並合作出版學術專著及大眾讀物，聯合引進有共同意向和市場前景的國外版權圖書，分別在內地和香港出版發行。

香港城市大學出版社 1996 年成立，是香港城市大學的出版部門，一直致力於推動學術研究，傳播知識和富創意的作品，以及提升知識轉移。香港城市大學出版社主要出版三類書籍：學術書籍，專業書籍及一般書籍，範圍涵蓋文、理、工、社科、商、教育及法政等方面，尤其專於出版有關中國研究、香港研究、亞洲研究、政治和公共政策的書籍，竭力出版具地區影響力及長遠價值的作品。

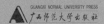

廣西師範大學出版社於 1986 年 11 月 18 日在桂林成立。多年來，出版社堅持為教學科研服務的出版方向和社會效益優先的出版方針，以「開啟民智，傳承文明」為追求，為履踐自身的文化使命，在以教育出版為中心的基礎上，優化圖書結構，形成了一軸（教育出版）兩翼（學術人文和珍稀文獻出版）、多元並舉的出版格局。

青青子衿 系列

鄭培凱 主編

新史觀新視野新歷史

隱堂

李伯重

CITY UNIVERSITY OF
HONG KONG PRESS
香港城市大學出版社

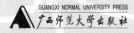

GUANGXI NORMAL UNIVERSITY PRESS
廣西師范大學出版社

項目統籌	陳小歡
實習編輯	關喜文（香港城市大學中文及歷史學系四年級）
	陳泳淇（香港城市大學中文及歷史學系三年級）
書籍設計	蕭慧敏　*Up* Création 城大創意製作

鳴謝

本叢書名「青青子衿」及書名「新史觀　新視野　新歷史」由鄭培凱教授題字，
謹此致謝。

國際統一書號：978-962-937-336-8

出版

香港城市大學出版社
香港九龍達之路
香港城市大學
網址：www.cityu.edu.hk/upress
電郵：upress@cityu.edu.hk

New View, New Perspective, New History

(in traditional Chinese characters)

ISBN: 978-962-937-336-8

Published by

City University of Hong Kong Press
Tat Chee Avenue
Kowloon, Hong Kong
Website: www.cityu.edu.hk/upress
E-mail: upress@cityu.edu.hk

Printed in Hong Kong

目錄

總序   vii
前言   xiii

上編   新史觀下的中國歷史

中國是水造就的   2
　　—— 水與中國歷史

「天人感應」   12
　　—— 中國歷史上的人口與氣候的變化及其關係

未必低下   22
　　—— 明清婦女的實際社會地位

並不冬烘   35
　　—— 清朝讀書人的數學知識

糞土重於萬戶侯   46
　　—— 明清江南的肥料

下編   全球史視野中的中國歷史

中國的「擋風牆」   56
　　—— 東亞「佛教長城」的興起

絲綢之路的終結   68
　　—— 歷史被忽視的一面

必然還是偶然   81
　　—— 明清易代的新解讀

皇帝為什麼逃到緬甸   95
　　—— 「永曆西狩」與世界變局

從秦始皇到 ISIS   132
　　—— 焚書的全球史

總序

　　香港城市大學出版社邀約我編一套叢書，希望由著名的人文學者來執筆，反映文、史、哲、藝各個領域的學術研究，最好是呈現長期累積的研究心得與新知，厚積薄發，深入淺出，讓一般讀者讀得興味盎然。這一套書要有學術內容，但不是那種教科書式的枯燥羅列，或是充滿了學術術語與規範的高頭講章。社長與副社長跟我討論了一番，勸我出面聯繫學界名流，請他們就自己著作中，挑選一些比較通俗而有啟發性的文章，或說說自己在學術研究上最有開創性的心得，編輯成書，出版一個系列，以吸引關心人文知識的讀者，並能刺激青年學者，啟導他們在學術研究的道路上，得到前輩的啟發，追尋有意義的學術方向。

　　大學出版社出版學術書籍，一般有兩種類別與方向：一是毫無趣味的入門性教科書，雖然言之有物，卻乾巴巴的，呈現某一學術範疇的全面知識，主要提供基礎學問給學生，可以作為回答考試的標準答案。另一類則是學術專題的深入研究，將學者鑽研多年所累積的學術成果撰寫成專著，解決特定的學術問題，為學術的提升貢獻新知，是專家寫給專家看的書籍。

　　出版社想出的這一套叢書系列，是希望我聯絡學界耆宿，說服他們寫隨筆文章，揭示自己潛泳在學海中的經驗與心得，既要有知識性，有學術的充實內涵，又要有趣味性，點出探求學術前沿與新知的體會。其實，這類文章最難寫，先得吃透了整個學術領域的知識範疇，潛泳其

間，體會出知識體系的脈絡，然後像葉天士那樣的名醫把脈一樣，知道學術研究的病灶難點，指出突破的方向與探索的前景。出版社希望的目標，聽起來很有道理，說起來很輕巧，卻是最難以做到的。

現在有許多學術著作，展示了刻苦鑽研的成果，像清朝的考證學一樣，旁徵博引，把古往今來的相關知識全都引述了一通，類似編了本某一專題的註解大全，最後才說出幾頁自己的研究心得。有些論述長篇累牘，往往沒有什麼新意，只讓我們看到作者皓首窮經的辛苦耕耘，卻不一定有什麼收穫。這樣的研究專著，看來是為了學術職場的升等，寫給學術考核的專家們看的。精深難懂的研究專著，有其出版的必要，因為它總是長期學術耕耘的成果，功不唐捐，甚至有可能是可以傳世的巨作，要經過好幾代學者的分析才能體會其中的奧義。但是，一般而言，大量的學術專著也只是顯示了作者的努力，讓學術同行認可其專家的地位，是給少數研究者看的。有他不多，沒他不少，對學術的發展與知識的傳播，似乎無關緊要。一般的知識精英，對學術有興趣，是想知道研究領域出現了真知灼見，能夠啟動深刻的人文思考，並不想知道某一專題研究的過程與細節，就好像人們都對科學研究的成果感到興趣，卻不肯待在實驗室裏，跟着科學家長年累月觀察實驗的過程。所以，出一套叢書，請學術名家就他們畢生研究的經驗，以隨筆的形式，總結一下心得，則是大家都喜聞樂見的。

接受了出版社的委託，聯絡了一些朋友，大家都很給面子，說「應該的，應該的」，做了一輩子學問，也該總結一下，讓一般讀者知道探求學問的門徑，理解人文學術研究的心路歷程。反正都到了退休的年齡，完全不必理會學術職場的名利，可以靜下心來反思自己的學術道路，如何可以金針度人。大家有了撰著的興趣，都問我，這套學者隨筆叢書的名稱是什麼。我突然福至心靈，好像是天上文曲星派了個小精靈來點醒，脫口就說，「青青子衿，悠悠我心」，有了，就是「青青子衿」系列。

　　「青青子衿」一詞，來自《詩經・鄭風・子衿》，詩不長，只有三段：

> 青青子衿，悠悠我心。縱我不往，子寧不嗣音？
> 青青子佩，悠悠我思。縱我不往，子寧不來？
> 挑兮達兮，在城闕兮。一日不見，如三月兮。

　　按照漢代學者的解釋，是講年輕人輕忽了學習，讓老師們有點擔心，希望他們回到學校，認真讀書。陳子展先生是這樣譯成白話的：

> 青青的是你的衣領，悠悠不斷的是我的憂心。縱使我不往你那裏去，你難道就不寄給我音訊？青青的是你的佩玉綬帶，悠悠不斷的是我的心懷。縱使我不到你那裏去，你難道就不到我這裏來？溜啊踏啊，在城闕啊。一日不見，如三月啊！

這首詩的解釋,過去是有歧義的,主要是朱熹推翻漢代以來的詮釋,認定了「鄭風淫」,所以,這也是一首男女淫奔之詩。結果朱熹的說法成了明清以來的正統解釋,連現代人談情說愛,也都喜歡引述這首詩,特別是「一日不見,如三月兮」這兩句,很容易就聯想到《王風‧采葛》同樣的詩句,讓人日思月想,情思綿綿。其實,認真說起來,朱熹的說法並不恰當,這首詩也不是一首「淫詩」。漢代的《毛傳》明確指出,「《子衿》刺學校廢也。亂世,則學校不修焉。」對「嗣音」的「嗣」字,解釋得很清楚:「嗣,習也。古者教以詩樂,誦之歌之,絃之舞之。」至於「一日不見,如三月兮」,《毛傳》說,「言禮樂不可一日而廢。」鄭玄則箋解說:「君子之學,以文會友,以友輔仁。獨學而無友,則孤陋而寡聞。」唐代孔穎達《毛詩正義》更延伸解釋:「禮樂之道,不學則廢,一日不見此禮樂,則如三月不見也,何為廢學而遊觀乎?」大體說來,從漢到唐的經解詮釋,說的是嚴師益友,互勉向學的意思,比起朱熹突然指為「淫奔之詩」,要恰當得多。

清末的王先謙在《詩三家義集疏》中,引述古人對《子衿》一詩的理解與傳述,是這麼說的:

> 魏武《短歌行》:青青子衿,悠悠我心。但為君故,沉吟至今。雖未明指學校,但無別解。北魏獻文詔高允曰:道肆陵遲,學業遂廢。《子衿》之嘆,復見於今。《北史》:大寧中徵虞

喜為博士，詔曰：喪亂以來，儒規陵夷，每攬《子衿》之詩，未嘗不慨然。宋朱子《白鹿洞賦》：廣《青衿》之疑問，宏《菁莪》之樂育。皆用《序》說。

列舉了曹操以來，歷代對《子衿》的理解與認識，包括朱熹的《白鹿洞賦》在內，都同意《毛序》的詮釋，是關心學業，沒有人提起「淫奔」的想法。也不知道朱熹撰寫《詩經集傳》的時候，是否突然吃錯藥了，滿心只想男女之事，讓後人想入非非。

當然，詩無達詁，可以隨你解釋，只要解釋得通就好。我們採用漢代去古未遠的解釋，希望青年讀者讀了這套書，可以對學術發生興趣，在人文思維方面得到啟發。假如你堅持「青青子衿」是首情詩，那更好，希望你能愛上這套書。

鄭培凱

前言

歷史寫出之後是經常改變的，絕非一成不變的「定論」。歷史學家斯塔夫里阿諾斯（Leften Stavros Stavrianos）說：「我們每一代人都需要重寫歷史，因為每個時代都會產生新問題，探求新答案。」歷史學家希爾（Christopher Hill）也說：「每一代人都要重寫歷史，因為過去發生的事件本身沒有改變，但是現在改變了，每一代人都會提出關於過去新的問題，發現對過去都有一種新的同情，這是和他們的先輩所不同的。」社會會向歷史提出新的問題，每一代人都會對同樣的問題有不同的看法，而且材料和方法也在不斷地改變，所以每一代人都會重寫歷史。

這種重寫歷史的必要性，在今天特別迫切。哲學家和史學家克羅齊（Benedetto Croce）說：「一切歷史都是當代史。」另一位哲學家和史學家柯林武德（Robin George Collingwood）對此評論說：「一切歷史都是當代史：但並非在這個詞的通常意義上，即當代史意味着為期較近的過去的歷史，而是在嚴格的意義上，即人們實際上完成某種活動時對自己的活動的意識。因此，歷史就是活着的心靈的自我認識。」既然一切歷史都是「當代」史，那麼我們對歷史的認識也必然依隨「當代」的變化而變化。而在過去幾十年中，世界發生了天翻地覆的變化，因此現在的「當代」已經與幾十年前的「當代」有了很大的不同。史學也當然要隨「當代」的變化而發生變化。因此，「當代」對史學提出了巨大的挑戰，要求史學家重新詮釋歷史。不僅如此，新史料、新方法也不斷出現，以

致「史料革命」和「史學革命」也應運而生。這些也為史學家重新詮釋歷史提供了前所未有的條件。因此改寫歷史，此其時也。

重寫歷史，還有另外一層意思：讓史學走出學者的書齋，為社會大眾提供正確的歷史知識。在中國傳統社會中，史學被賦予了一種令人敬畏的政治文化含義和地位，主要是為統治者治國提供借鑒（即「資治」的「通鑒」）。因此撰寫歷史和解釋歷史也為當權者所壟斷。自唐代起，修史、釋史成為朝廷行為，為政府所壟斷，非等閒人得為之。這種秉承當權者意志的官修歷史，不僅所述歷史的真實性十分可疑，而且所使用的是古老典雅的文言，普通民眾難以閱讀。因此對於大眾來說，演義、小說、故事、戲劇等通俗文學作品成了獲取歷史知識的主要來源。從這些來源獲得的歷史知識，問題當然不少，從而導致了大眾對歷史的誤解。進入 20 世紀之後，近代史學發展了起來。然而，這種高度專業化的近代史學封閉在象牙塔中，從而與大眾無緣。1950 年以後，中國大陸史學日益政治化，也愈來愈教條化，成為新的「黨八股」。這種八股化的史學，使得大眾對歷史喪失了興趣。到了「文革」時期，那種「以階級鬥爭和路線鬥爭為綱」的御用史學更發展到登峰造極的地步，成為赤裸裸的政治鬥爭工具，使得史學殘存的最後一點聲譽掃地以盡。到了改革開放後，隨着經濟的繁榮和社會的開放，社會大眾渴求對歷史有更多更好的了解。只要隨便看看今天充斥書店和銀屏的歷史故事和古裝影

劇，就可看到大眾對歷史知識的渴求達到什麼程度。在此時期，中國的專業化史學有了很大發展，出現了空前的繁榮，但是象牙塔內的東西依然對大眾封閉，大多數史學家未能向大眾提供他們所需要和所能接受的歷史知識。在此情況下，大眾只能從一些非專業作者提供的知識中得到滿足。他們的歷史知識主要仍舊是來自通俗文學，乃至電影、電視劇。這就對歷史學家提出了更迫切的要求，要求我們盡可能多地寫一些容易讀懂、但是又能提供最新的和正確的史學研究成果，來滿足大眾對歷史知識的渴求。史學不能封閉在象牙塔中，必須不斷地為社會大眾提供新的見解和看法。如果史學家都一代代延續前人的陳說，那社會就沒有必要有史學家了。為了克服上述矛盾，一些史學家走出了書齋，為大眾寫作通俗易懂的史學著作。現任美國歷史學會會長彭慕蘭（Kenneth Pomeranz）和另外一位史學家托皮克（Steven Topik），合作撰寫了通俗讀物《貿易打造的世界：社會、文化與世界經濟》。

我在香港科技大學教書五年，對香港學子有很好的印象。他們渴求知識，對中國的歷史興趣濃厚，但是由於許多歷史研究成果過於專門，非史學專業的學生讀起來有困難。本書是我為他們寫的，也是我向社會大眾提供新的和正確的歷史知識的嘗試。雖然將來學術的發展可能證明這些知識未必就是正確的，但是至少我根據自己的研究，自信是正確的。同時，由於出於新的史觀、新的視野，所以本書所談的都是前人沒

有意識到的或者沒有重視的問題。從這個意義上來說，就是新的歷史。為了便於青年學子閱讀，我力求在文字上簡捷通俗，而且拿去了所有的注釋。如果青年朋友們讀了此書後對中國歷史有了一些新的認識，那麼本書的目的就達到了。要是還有一些朋友讀後感到還「不過癮」，那麼他們接着很可能就會走進史學，在中國歷史的廣闊天地中翱翔。倘有此情況發生，對於我來說，更將是非常之喜。我一輩子治史，看到年青人喜歡歷史，甚至願意投身史學，當然是再幸福不過的事了。

李伯重

新史觀下的中國歷史

中國是水造就的
—— 水與中國歷史

18 世紀中國文學名著《紅樓夢》中的主角賈寶玉有一句名言：「女兒是水做的骨肉」。如果不只從字面上來看的話，這句話頗具深意。水造就了所有民族的歷史，而中國的歷史則最清楚地證明了這一點。

序章：中國的龍崇拜

龍文化與中國歷史同樣久遠。在古代中國，龍是最受尊崇的對象之一。龍的形象在新石器時代陶器上就已出現。「龍」這個字，在商代甲骨文中也已有之，以後逐漸演化，成為今天習見的形式。在歐洲傳統文化中也有龍，但通常是與邪惡相聯繫；而中國傳統文化中的龍，則代表着威嚴、力量與仁慈，在中國人的精神世界中享有崇高的地位。因此，龍是帝王的象徵，皇帝被稱為真龍天子，御座被稱為龍椅，御袍則被稱為龍袍。龍的圖像，在皇宮中隨處可見。

到了近代，龍又成為了中國的象徵。中國第一面國旗是龍旗，中國最早鑄造的銀元是龍元。1949 年以後，天安門成為了中華人民共和國的國家象徵，龍的形象也依然保留在天安門前的華表上。中國人也一如既往，把自己稱為「龍的傳人」。

在中國的民間文化中，龍也無處不在。無論是通都大邑，還是窮鄉僻壤，凡有水之處，皆有龍王廟。在眾多民間傳說中，龍王都是主角。在夏曆新年和其他中國傳統節日，龍舞、龍燈都不可或缺；龍舟競渡使得端午節成為中國嘉年華。在中國的年節慶祝活動中，沒有龍的形象，人們就感覺不到充分的喜慶氣氛。

但是，中國的龍到底是什麼呢？著名歷史學家李埏先生精闢地總結說：「由於人們和水的關係更加密切，以及對水這種自然力量的不理解，龍於是完全成了水的化身 —— 水神。到農業生產發展起來，水的作用更為重要，龍崇拜也就更發展」。簡言之，龍就是水神，掌握着在何時、何地降甘霖，以及降多少的權力。因此，崇拜龍就是崇拜水神，或者説，就是崇拜水。

中國歷史上的三大奇跡

今天全世界的人都在談論「中國奇跡」，即中國在過去 30 年中所取得的史無前例的高速經濟成長。但是在歷史上，中國還有比今天的經濟奇跡更加偉大的三大奇跡。正是這三大奇跡，使得中國在世界上與眾不同。

第一大奇跡是中國這個國家。在世界歷史上，曾經出現過許多擁有廣大疆域和眾多人口的帝國，如羅馬帝國（前 27–395 ）、拜占庭帝國（330–1453）、瑪雅帝國（約 250–900）、阿拉伯帝國（622–750）、蒙古帝國（1206–1368）、奧斯曼帝國（1299–1922）、西班牙帝國（1492–1898）、大英帝國（1583–1945）、俄羅斯帝國（1721–1917）等。其中一些曾延續了相當長的時期，但是沒有一

個帝國像中華帝國能存在如此長久。中華帝國建立於公元前 3 世紀後期，一直延續到 20 世紀初期。在這兩千多年中的大部分時期，中國（至少是中國內地）基本上都在一個政權的治理之下。一般而言，在近代以前的世界上，罕有廣土眾民的國家能夠長期維持下去，這似乎是一條規律，而只有中國是例外。中國這種獨一無二的長時期的大一統，成為世界歷史上一個值得深入研究的大問題。

第二大奇跡是中國人民。早在公元 1 世紀，漢帝國的人口就已達到 6,000 萬，比當時世界上另外一個人口最多的國家 —— 羅馬帝國 —— 在同一時期的人口還多出 10%。從公元 1300 年以後，中國一直是世界上人口最多的國家。到了 18 世紀，全世界每三個人中就有一個是中國人。中國幅員遼闊，生活在這個廣大疆域之內的人們，在民族、宗教、地域等方面具有豐富多彩的多樣性。然而，絕大多數生活在這片土地上的人，都把彼此視為擁有共同語言、文化和文字的一家人，而中國也是所有生活在這片土地上的人民的共同家園。所以「國家」一詞是由「國」和「家」兩個字構成的。這一點，在世界歷史上也無有其儔。

第三大奇跡是中華文明。中華文明起源於 5,000 年前，經過長期的演變，到了公元前 3 世紀，已基本定型，後來繼續發展，成為世界上主要文明之一，為中國及其他國家（特別是日本、朝鮮、越南）的人民共同分享。這一偉大的文明包括獨特的書寫系統 —— 漢字、獨特的關於人與世界的觀念、獨特的意識形態、獨特的政治制度等。在兩千年前，漢帝國和羅馬帝國巍然屹立在歐亞大陸兩端，是古典時代世界的兩大主要文明。到了公元 4 世紀，兩大帝國都崩潰了。但是在爾後的一兩千年中，中華文明依然繼續着，而羅馬文

明則否。雖然羅馬文明的許多重要特徵後來融入了演變中的西方社會，但是這個文明本身已中斷了，並未在原有地方一直延續下去。因此，在此意義上可以說，中華文明是世界上持續最久的文明。

這三大奇跡使得中國的歷史與眾不同，引起了人們對此的高度興趣，並導致了「中國特殊論」（China's exceptionalism，亦譯作「中國例外論」）的出現。然而問題是，中國的特殊性，又是建立在什麼基礎之上呢？

中國的治水

水與上述中國三大奇跡之間有非常密切的聯繫。這種聯繫部分地回答了中國人為什麼如此崇拜水，以及中國人為什麼在治水工作上，付出了比世界上其他任何地方的人民更多的努力。

中國古代聖人孔子有云：「水可載舟，亦可覆舟。」這個生動的比喻道出了水的雙重性質，即水對人類，既可有利，亦可有害。如何取水之利，避水之害？中國人對此問題的關切，貫穿着整個中國歷史。

魏復古（Karl A. Wittfogel）把歷史上的中國稱為「水利帝國」（hydraulic empire，亦稱「水利專制主義」〔hydraulic despotism〕或「水壟斷帝國」〔water monopoly empire〕）。這個說法，深刻地反映了治水在中國的重要性。中國傳說中的第一個王朝——夏朝，其創立者大禹就是一位水利專家，因其治理黃河的偉大成就而得到人民的擁戴，從而繼承了大舜的帝位。大禹治水故事一直流傳了下來，表現

出中國人對治水的重視。秦統一中國以後，治水更成為國家最重要的任務之一。

在過去兩千多年中，中國發展出了先進的水利工程技術，建成了世界上最大的防洪系統、最大的灌溉系統和最大的水運系統。

中國的萬里長城舉世皆知，這個旨在保衛中國本部不受北方遊牧人入侵的防禦工事，是人類歷史上最大的建築工程。然而，中國還有幾道另外的「長城」，卻較少為世人所知。這幾道「長城」，就是用來防禦洪水的長堤。黃河是中華民族的母親河，黃河水滋養了中華文明。不過，黃河也是一條桀驁不馴的河流。在過去 3,000 年中，黃河決口超過 1,500 次，改道則達 26 次，每次決口和改道都造成大量生命和財產的損失，給沿岸人民帶來巨大的災難。為了抵禦河水氾濫，中國人在黃河兩岸修建了高聳的大堤，經過歷代的修築，這道大堤長達 1,500 公里，成為於長城的偉大建築工程。在中華民族的另外一母親河 —— 長江 —— 的中游，中國人在過去 1,500 年中建成了長達 180 公里的荊江大堤，使得周圍 18,000 平方公里的富饒平原免遭水患。在華東海岸，氣勢恢宏的捍海大塘形成了一條 600 公里的防洪大堤，保衛着中國最富庶的長江三角洲不受洶湧海濤的侵襲。

今天世界上現存最早的人工灌溉工程系統，是位於中國川西成都平原的都江堰。都江堰水利工程建於公元前 256 年，於 2000 年被聯合國教科文組織確定為世界文化遺產，今天依然灌溉着超過 5,300 平方公里的沃野。在中國的帝制時代，有更多的灌溉工程建成。因此，到 15 世紀初，中國有 30% 的耕地是人工灌溉的耕地。在隨後的五個世紀中，儘管中國耕地總數增加了三倍，但是人工灌

溉耕地在總耕地中的比例仍不斷提高。與歐洲、印度及世界上其他地區相比，中國的人工灌溉耕地在耕地總數中的比重異乎尋常地高。

中國有眾多的河流，從河流長度和流域面積大小來看，長江、黃河和珠江是最大的三條。這三大河流的流向都是自西向東。為了用水路把南北聯繫起來，中國人開鑿了一條南北向的「人工密西西比河」——大運河，把長江、黃河兩大河流和另外三條主要河流——錢塘江、淮河和已經湮滅了的大清河——連接了起來。大運河今日長 1,794 公里，而在 13 世紀之前更長達 2,500 公里，是人類最偉大的工程成就之一，至今依然是世界歷史上最大的人工水運系統。中國另外一條鮮人為知的南北向運河，即建於公元前 230 年左右的靈渠，是世界上現存的最早的運河。靈渠位於風景如畫的桂林附近，把長江和珠江的兩條重要支流——湘江和灕江——連接了起來，使得長江和珠江兩大水系彼此相連。在大運河和靈渠的沿岸，建有無數的閘門、水壩、蓄水池、碼頭、泊船處、維修設施、橋樑、貨棧、旅館、治安機構等，成為複雜而完整的水運系統。這兩條運河的開鑿，把中國的三大河流和贛江、湘江、漢水、淮河、海河等重要河流連為一體。除此之外，中國的海路運輸網也覆蓋了全部海岸。這樣，在 19 世紀之前，中國已建成了一個以三個 T 字形的水路網為基礎的巨大水運系統。這三個 T 字形水路網有一條共同的橫向軸線——長江，而有三條不同的縱向兩翼：第一條是漢水—湘江，第二條是京杭大運河—贛江，第三條是北洋航線和南洋航線。此外，湘江水系通過靈渠與珠江水系相連，而贛江水系則越過大虞嶺一小段陸路後也與珠江水系相連。全國大部分地區都被納入其中。

簡言之，正如著名科技史學家李約瑟（Joseph Needham）在《中國的科學與文明》（*Science and Civilisation in China*）中所言：中國人在治水和用水方面，在世界各國中非常突出。

治水與「中國奇跡」

　　中國在治水方面的努力，超過世界上其他所有國家。這種努力獲得了豐厚的回報，構成了上述中國三大奇跡的基礎。

　　黃河大堤的興建，使中華文明得以逃脱世界上許多古代文明消亡的噩運。不僅如此，在年降水量不足 300 毫米、橫跨內蒙古沙漠的中國內陸乾旱貧瘠地區，中國人用黃河水創出一個生機益然的綠色地帶河套地區。中國興建的水利工程使到更多的富源得以開發，對中華文明的持續、發展和繁榮厥功甚偉。

　　在今天，中國的耕地僅佔世界耕地的 8.6%，但是卻養活了世界人口的 20%。在歷史上，中國人口佔世界人口更大比重，而耕地增加的速度則比世界其他地區慢得多。多虧中國耕地具有比世界其他地區的耕地更高的生產力，才養活了中國的人口。不僅如此，在過去兩千年中的大部分時間，中國人民享有比世界上大部分地區更高的生活水平。直到 18 世紀後期，亞當・斯密（Adam Smith）在《國富論》還說：「很久以來，中國就是世界上最富有的國家之一，它土地最肥沃、耕作最精良、人民最勤奮、人口最稠密」。這當然是一個了不起的成就，而這成就很大程度上是歸功於中國高效的灌溉系統，因為有了這個系統，中國耕地才有這樣高的生產力。

上述以三個 T 字形的水路網為基礎的水運系統，把中國大部分人口和經濟連貫了起來，成為中國的生命線。中國疆域遼闊，從熱帶直到寒溫帶，跨越了 30 個緯度，各地生態環境和自然資源具有高度多元性。麥克尼爾（John McNeil）把中國兩大河流及大運河做了一個國際比喻：黃河，就像尼羅河一樣，攜帶着灌溉用水和有養分的泥沙，穿過貧瘠的大地，流向大海，水流有明顯的季節性。黃河可通航的河段約 600 至 800 公里，與從尼羅河第一瀑布到海的距離相似。長江流過中國中部，而自唐代中期以來，這一地區就已成為中國的穀倉。長江為這個地區提供了豐沛的灌溉用水及廉價的水運，就像恆河之於印度一樣。長江可通航的河段從入海口直到重慶，長達 2,700 公里。由於有三峽之險，主要航運仍然在武漢以下，離海大約 1,100 公里，大致相當於大型船舶可以通航的恆河河段（從入海口到阿拉哈巴德）。大運河則可視為一條人工開挖的密西西比河。對於麥氏的這一比喻，我覺得還可加上兩點：就像西非的剛果河一樣，珠江流過一個自然資源（特別是木材、金屬、水果）豐富的熱帶地區，這個地區還具有水稻和甘蔗生產的巨大潛力。這些富源和潛力，在明代以前尚未好好開發。此外，1,390 公里長的遼河，也與俄國的伏爾加河相似，流經一個充滿森林和草原的半寒帶地區，直到清代之前，這一地區的資源基本上尚未開發。有了上述這個舉世無雙的水運系統，中國各地的資源也就被納入了一個統一的網路。各地的產品如牲畜、木材、糧食、魚、鹽、纖維（絲、苧、棉、麻）、金屬、建築材料等，都可以相對低廉的運費運送到其他地方。這樣，這個水運系統在中國創造出了一個統一的政治實體和緊密聯繫的社會經濟。也正因如此，與其他在領土和富源

方面可以與中國相匹敵的國家相比，中國的政治和社會統一程度都更高。

簡言之，如果中國人沒有成功的治水，上述三大「中國奇跡」是不可能出現的。可以說，水與中國歷史的這種緊密聯繫，是支援「中國特殊論」的主要因素之一。在此意義上來說，水確實是認識中國歷史的一個關鍵。

結語：過去的延續和今天的挑戰

在過去的 30 年中，中國發生了巨大的變化。儘管如此，中國的過去依然映照着中國的現在。可以說，中國的現在正在和它的過去對話。

正如在過去一樣，近代中國人仍致力於興建更大、更多的灌溉系統。1952 年，中國有 52% 的耕地是人工灌溉的耕地，而美國人工灌溉的耕地只佔其耕地的大約 10%，形成了鮮明的對比。到了今天，中國借助現代技術和大規模投資，以前所未有的規模和速度，在國內主要河流上大建水利工程。最近完工的三峽大壩，是迄今為止世界上最大的水壩。但三峽大壩只是中國雄心勃勃的南水北調工程的一個部分。南水北調工程的設計目標，是把 4.48 億立方米的長江水調到缺水的北方。這個龐大的工程，包括三條把長江水引到北方的線路。第一條為東線，長 1,466 公里，主要是利用大運河，少有新開挖的運河。中線和西線則大部分是新開挖的運河。中線長1,432 公里，從湖北丹江口一直延伸到天津。西線則需在世界上條件最艱難的青藏高原上開挖數百公里的運河。這些運河由南向北，

把中國的東部、中部和西部連接起來。此項工程完成後，中國的主要地區都將在水文上更加密切地連為一體。

不過，這些只是今天中國的水的故事的一個方面。中國在興建巨大的水利工程時，面臨着水量和品質兩方面的大問題。更加嚴重的是，這些問題在未來幾十年中將不斷惡化。

在今天，伴隨着中國迅速經濟成長的，是對水持續增加的需求。中國人平均淡水的數量只是世界平均水準的四分之一，隨着需求量的增加，水的匱乏、污染、地下水位降低、大水大旱頻繁發生等問題也不斷加劇，並已日益接近危險的臨界點，而在中國的一些地區，已經到達了臨界點。不僅如此，沒有跡象表明中國受威脅最嚴重的淡水湖的水質有所改善，相反，倒有指標説明中國地下水的污染問題還在惡化。中國為過去 30 年的高速發展付出了水資源破壞的高昂代價。現在中國必須在保護水資源和繼續進行工業化、城鎮化和提高農業生產力之間取得平衡，大力改善水資源，使到經濟發展能夠與水資源相符。

中國古代賢君唐太宗（599–649）有一句名言：「以古為鏡，可以知興衰」。英國哲人培根（Francis Bacon, 1561–1626）也説：「讀史使人明智」。探究中國歷史與水的關係，將為我們提供一個良機，了解水對於長期的社會發展中所起的重要作用。我們應當懷着敬畏之心來對待水。由於生活在我們這個星球上的所有人的身體都主要由水構成，因此關心水也就是關心我們自己。孔子「水可載舟，亦可覆舟」的教誨，是放之四海而皆準的真理。在這一點上，世界各國都一樣，中國也不例外。

「天人感應」
—— 中國歷史上的人口與氣候的變化及其關係

　　中國古代有「天人感應」的學說。這種學説源自先秦儒家經典《尚書・洪範》。到了漢代，大儒董仲舒將其發展為「天人之際，合而為一」之説，並解釋説：「臣謹案春秋之中，視前世已行之事，以觀天人相與之際，甚可畏也。國家將有失道之敗，而天乃先出災害以譴告之，不知自省，又出怪異以警懼之，尚不知變，而傷敗乃至。以此見天心之仁愛人君而欲止其亂也。……及至後世，淫佚衰微，不能統理群生，諸侯背畔，殘賊良民以爭壤土，廢德教而任刑罰。刑罰不中，則生邪氣；邪氣積於下，怨惡畜於上。上下不和，則陰陽繆盭而妖孽生矣。此災異所緣而起也。」這段話的意思是「人事」（即人的活動，特別指統治者的活動），是與「天」相互「感應」（即相互影響、相互作用）的。如果「人事」不修，「天」就會發出種種警告。如果這些警告沒有受到重視，就會引起嚴重後果，出現大災難。因此，「天之不可不畏敬。」

　　「天人感應」之説顯然是一種迷信的説法，但是如果我們把「天」理解為自然，把「人」理解為「人類」的話，那麼這種説法也不無道理。人類生活在自然之中，是自然的一個部分，一切活動

都受自然環境的影響，在利用自然環境的同時，也會對自然環境進行改造。因此「人」和「天」之間，的確是一種相互影響、相互作用的關係，也就是「天人感應」。

在「天」與「人」的關係上，過去常常強調「人定勝天」，但事實上，即使在人類改造自然的能力空前發達的今天，「人」往往難以「勝天」。而在科技尚未發達的前工業化時代，「人定勝天」更是只有在極小的範圍內才能成為實現的事了。

如果把「天」理解為自然環境，而在構成自然環境的各主要因素中，氣候的變化最大，至今人類了解最少，而且最缺乏有效控制手段的一種。1998 年中國遭遇特大洪災，最主要的原因就是「拉尼娜現象」出現所導致的降雨劇增；而近年來出現於中國許多地方的旱災，則又是由「厄爾尼諾現象」所引起。儘管今天我們在了解這些氣候變異方面取得了一些進展，但若要以人類的力量消除這些現象，還為時過早。因此，氣候變化問題在今日自然生態環境研究中，理所當然地佔有一種特別重要的地位。另一方面，作為世界上人口最多的國家，人口問題在中國今天社會經濟發展所面臨的各種問題中，具有特殊的份量，理應受到最大的重視。因此，把氣候和人口兩個問題合在一起討論，應當說具有特別的意義。而要對氣候變化與人口變化之間的關係有更深刻的了解並發現其規律，就必須把這種關係放到長期的歷史過程中來觀察。

中國歷史上的氣候變化與人口變化

　　氣候史和人口史是近年國際中國史壇興起的兩個重點研究領域。在氣候史方面，自竺可楨先生關於歷史時期中國氣候變化的開拓性成果於 1970 年代初問世以來，中外學者在此領域作出了很大努力。從他們的研究成果，我們對近兩千年來中國氣候變遷的情況，已有一個大概的了解。在人口史方面，自何炳棣先生關於中國人口史的專著自 1959 年刊出以後，人口史學者的努力，也使得近兩千年來中國人口變化的基本輪廓，從混沌中顯現了出來。這裏我們將結合這兩方面的研究成果，看看氣候變化對中國歷史上人口變化的影響。

氣候變化

　　從竺可楨、任振球、汪子春、高建國等先生的研究結果可知，在過去兩千年，中國氣候經歷了十次較大的變化。大體而言，秦朝和西漢時氣候溫暖，氣溫較今日高，所以亞熱帶植物的北界比今日朝北許多。自公元之初（即兩漢之際）起，氣候開始轉寒，到東漢末已比現在寒冷。到 3 世紀後期，寒冷達到頂點，年平均溫度比今日要低 1 至 2℃。這種寒冷氣候一直持續下來，直到 6 世紀下半葉才開始轉暖。到了 7 世紀中葉，氣候已明顯變暖，年平均溫度高於今日。然而從 10 世紀開始，氣候又趨於變冷，並在 12 世紀達到頂峰。13 世紀初期和中期曾有一個溫暖時期，但好景不長，14 世紀的氣溫不僅低於今日，還低於 13 世紀。15 世紀初以後，出現過兩個溫暖時期（1550–1600 和 1720–1830）和三個寒冷時期（1470–

1520，1620–1720 和 1840–1890）。大體而言，16 世紀和 18 世紀可算溫暖時期，而 17 世紀和 19 世紀則為寒冷時期（其中又以 17 世紀為最冷，冬季平均溫度比今日要低 2℃）。這個變化大勢，與北半球其他許多地方的記錄也是一致的。從降雨量來看，鄭斯中等人對地方志中關於近二千年來 36,750 次旱澇記載的分析表明：中國自公元初以來，水災相對減少，而旱災則相對增加。在 1 至 10 世紀，乾旱期和濕潤期分別為 350 年和 650 年；而在 11 至 20 世紀，則分別為 580 年和 320 年。而且還要注意，這種狀況在北緯 35 至40 度的黃河流域表現最為明顯。

人口變化

自秦始皇統一中國以來，到清朝滅亡以前，中國人口出現過八次劇烈波動。人們通常用「大起大落」來形容這種劇烈波動，此處我們也姑且從眾，採用此說。在這八次「大起」與「大落」中，更值得注意的是「大落」。因為除了「大落」的時期外，中國人口基本上持續增長；而且一般「大起」的速率比「大落」的速率小得多。這八次「大落」包括：（1）兩漢之際（戶數減少三分之二至四分之三，實際人口減少約 40%）；（2）三國兩晉南北朝（隋朝人口只相當於 400 年前東漢後期的人口）；（3）隋唐之際（人口減少約一半）；（4）中晚唐、五代（北宋建立時人口不足盛唐時的一半）；（5）金與元初（元朝人口最多時，人口總數比南宋和金朝的人口合計少 20%）；（6）元明之際（明初人口比元朝人口最多時少四分之一以上）；（7）明清之際（人口大約減少 20%）；（8）晚清（1911年人口總數比 1850 年還少十分之一）。

將這兩種變化合觀比較，可以看到：上述的八個中國人口「大落」時期，都是中國氣候變冷的時期。這種對應不可能是一種巧合。因此中國歷史上人口的「大起大落」與氣候變化有密切關係，應是無可置疑的。

氣候變化對人口變化的影響

　　造成中國歷史上人口「大起大落」的原因，當然十分複雜，絕不能認為氣候變化是唯一的原因，但這是最主要的原因。其他的大多數原因，莫不與氣候變化有關（有些甚至就是氣候變化的產物）。那麼，氣候變化是如何影響中國歷史上的人口變化呢？

　　氣候變化對人口的影響，可以分為直接的和間接的兩個方面。「直接影響」是指：氣候變化引起農業產量的增減、農業區域的移動，從而導致人口發生變化。而「間接影響」則指：氣候惡化通常激化社會矛盾、觸發社會危機，引起原有社會結構解體，同時還會引起外來烈性傳染病的傳播，從而導致人口減少，反之則引起人口增加。接下來，我們就具體地看看氣候變化是如何引起中國歷史上人口的幾次「大落」。

氣候變化對農業產量的影響

　　一般而言，在北半球，年平均氣溫每增減 1 ℃，會使農作物的生長期增減三至四周。這個變化對農作物生長具有重大影響。例如，在氣候溫和時期，單季稻種植區可北進至黃河流域，雙季稻則可至長江兩岸；而在寒冷時期，單季稻種植區要南退至淮河流域，

雙季稻則退至華南。據今人的研究，在其他條件不變的情況下，年平均溫度變化 1℃，糧食畝產量相應變化為 10%；年平均降雨變化 100 毫米，糧食畝產量的相應變化也為 10%。此外，年平均溫度的高低和年平均降雨量的多少，對冷害、水旱災和農業病蟲害的發生頻率及烈度也具有決定性的影響，從而明顯地增加或減少農業產量。這裏需要說明的是，氣候變化對農業產量的影響，在高緯度地區表現最為明顯，而在低緯度地區則相對較小。因此氣候變化對農業產量的影響，在農作物生長期較短的中國北方地區，更為巨大。

在生產力發展水平低下的古代，農業總產量哪怕只是在一年中減少 10% 以上，就會引起大量人口死亡。如果在一個較長的時期內持續減產，那麼人口在劇減之後長期停滯，也就是必然的現象了。如前所述，在東漢晚期至隋朝中期的四個多世紀中，中國的人口一直未有增加，是中國人口「大落」持續最久的時期。而這個時期恰恰也是一個氣候寒冷持續最久的時期：自 3 世紀後期到 6 世紀下半葉，年平均溫度比今日要低 1 至 2℃。因此氣候變化通過影響農業產量而對人口變化產生重大影響，是無可置疑的。

氣候變化對農業區邊界變化的影響

由於農業嚴重依賴自然生態環境，因此根據各地自然生態環境的差異，必然會形成不同的農業區域。而自然生態環境總是在不斷變化，所以農業區域也絕非一成不變。中國今天的各主要農業區域大約形成於 18 世紀，在此之前則有多次改變，因此我們不能視近兩個世紀來的情況作為亙古不變的常情來以今況古。

根據程洪、朱道明、張家誠等的研究，在中國，在其他因素不變的條件下，如果某地區年平均溫度降低 1℃，相當於該地區向北推移 200 至 300 公里。如果某地區年降雨量減少 100 毫米，相當於該地農業區向東南退縮 100 公里以上，在山西和河北則為 500 公里。換言之，氣候變冷變乾，會使得一些地區變得不適宜原有的農作物生長，導致不能農耕。長城一向被認為是中國農、牧業的分界線，如果對比秦長城和明長城的位置，那麼可以發現在大多數地方，明長城比秦長城向南退縮了 200 至 400 公里。

　　農業區域的移動對農業生產的影響，以中國華北地區最為明顯。這個地區從地理上來說，處於氣候（溫度和降水量）變化最為顯著的北緯 35 至 40 度之間，生態基礎又比較脆弱，對氣候變化的反應也特別強烈。因此一旦氣候變冷變乾，農業生產受到的影響最為顯著。這不僅會導致原有耕地減產，而且會使得大量耕地被放棄或棄農就牧，從而不能養活原有的人口。此外，還會增加水、旱、蝗災發生的頻率和擴大受災範圍，進一步加劇了農業生產的衰落。在中國歷史上，華北一向是人口「大起大落」的主要場所，這是與其自然生態環境（特別是氣候）變化特點是分不開的。

氣候變化對瘟疫流行的影響

　　法國年鑒學派大師布羅代爾（Fernand Brandel）指出：在人們彼此長期隔絕的時代，各地居民對不同的病原體各有其特殊的適應性、抵抗力和弱點。一旦相互接觸和感染，就會帶來意外的災難。在對近一千年來歐亞許多地區人口變化影響最大的各種流行疾病中，鼠疫（即「黑死病」）是最可怕的殺手。在 14 世紀，鼠疫傳

入歐洲，導致歐洲主要國家的人口減少了三分之一到二分之一。而這種疾病的傳播，與氣候變化有着密切關係。

蒙古高原和青海高原是其中兩個世界上鼠疫的主要疫源地。學界近年來的研究已證實，在元初、元明和明清三個時期，這種疾病隨着生活在此地區的遊牧民族南下而傳到中國內地，使到中國人口銳減。典型的事例如 1232 年，蒙古軍隊包圍並攻克金朝首都開封城。在蒙古人入城後的短短兩個多月中，開封居民死者多於 100萬，幾乎全城死絕。而導致這一悲劇的罪魁禍首，不是蒙古軍隊的刀槍，而是他們帶來的鼠疫。因此，遊牧民族南遷帶來的疾病傳播通常要比戰爭所導致的人口損失大得多。而遊牧民族之所以南遷，很大程度上是由於氣候變化所致（詳後）。因此，從根本上來說，中國歷史上引起人口銳減的瘟疫大流行，也是氣候變化的間接結果。

氣候變化對其他導致人口起落的因素的影響

在我們討論所涉及的兩千多年中，中國一直是一個傳統的農業社會。在這個社會中，整個社會結構及其運行機制都建立在特定的農業生產方式的基礎之上。由於當時農業發展嚴重受制於自然生態環境變化，一旦自然生態環境惡化，原有的社會結構及其運行機制就會削弱、瓦解甚至崩潰，使得各種矛盾失控，造成長時期的社會動盪和暴力衝突，進而導致大量人口的死亡。

舊有社會結構及其運行機制破壞的主要標誌之一，是出現數量巨大的流民。在那些受氣候惡化打擊最為嚴重的地方，由於原有農業生產方式的基礎被摧毀，當地的社會結構也隨之瓦解。居民無

以為生，只好外流。但是，如果氣候變化涉及較大的範圍，相鄰地區當然也程度不等地受到氣候惡化不同程度的打擊。本地居民自顧不暇，無法大量接納流民，於是土、客之間往往出現暴力衝突。如果流民佔了上風，結局往往是本地社會結構被摧毀，土著居民最後也加入到流民的隊伍中去。隨着氣候惡化的持續和加劇，這種情況滾雪球式地擴大，暴力衝突也往往演化為大規模的內戰、叛亂和起義，使得舊有的社會結構及其運行機制在更大範圍內受到進一步破壞。在許多地方，本地居民頂住了流民潮的侵擾，但為此他們不得不結成各種形式的武裝自衛團體（如三國兩晉南北朝時代的塢堡等），而這種團體的發展，最終會形成各地割據與半割據的局面。國家的統治力量在天災和流民的雙重打擊下已經遭到嚴重削弱，而各地割據與半割據又使處於困境的國家雪上加霜。日益衰弱的國家愈來愈無法有效履行其維護社會秩序、抵禦外族入侵、興修水利、賑災減災、安撫災民、調集糧運等職能，於是社會更加動盪。其結果，必然形成一種不斷加劇的惡性循環，最終結果則是整個社會的解體。在這個解體的過程中，不僅有大批人民直接死於天災及其引起的饑荒，而且還會有更多的人民死於持久的大規模暴力衝突，從而造成人口的「大落」。這種情況，在上述的八個中國人口「大落」時期中的前七個（特別是三國兩晉南北朝、金元和明清之際）中都可看到，儘管在各個時期表現有所不同。

此外，氣候變冷變乾，不僅會使農業區域向南移，而且也會使北亞牧業區域相應南移。由於北亞半沙漠半草原地區的生態基礎非常脆弱，所以更難承受氣候惡化的後果。牧業生產條件的惡化，迫使遊牧民族不得不南下求生。在許多情況下，這種南下是通過武力

強行進入農耕地區的。這當然不可避免地要引起持久的暴力衝突乃至大規模破壞，並且進一步激發內地的社會矛盾，加劇社會解體。上述的八個中國人口「大落」時期，除第一個和第八個時期外，都是北方遊牧民族大舉南下的時期（第六個時期也與此有關）。而我們應當注意的是，這些也是氣候變冷變乾的時期。其中，東漢晚期至隋朝中期的四個多世紀是北方遊牧與半遊牧民族南下規模最大、持續最久的時期，恰恰也是氣候寒冷持續最久的時期。因此，可以肯定氣候變化通過促使北方民族南下而對中國歷史上的人口變化發揮重要的影響。

綜上所述，儘管中國古代人民採取了許多手段來對抗氣候變化所帶來的負面影響並取得了相當的成就，但是在當時的技術和其他條件下，「人定勝天」只不過是一個美好的理想。在 20 世紀以前的兩千年中，氣候變化對中國人口變化確實起到了一種決定性的影響。

未必低下
——明清婦女的實際社會地位

　　自 1919 年的「五四」運動以來，中國社會就形成了一種定見，認為在中國「封建社會」中（特別是在明清兩代），中國婦女比男子遭受着更多的束縛——夫權壓迫。進步人士無不猛烈抨擊「吃人的封建禮教」，誓言要把千千萬萬「祥林嫂」解放出來。經過幾代人的努力，中國的婦女解放運動取得了巨大成就。因此到了今天，大陸婦女已和傳統的中國婦女非常不同，給台灣文化人龍應台以深刻的印象，她說：「在海外見到的大陸女人，說得誇張些，個個抬頭挺胸、驍勇善辯，沒有人認為應該犧牲自己去成全丈夫的事業。資本主義社會裏的諺語，『每個成功的男人背後有個溫柔的女人』，不能用在大陸女人身上；她們昂首闊步地走在前頭，不在男人的陰影中。相形之下，台灣女人處處流露出傳統『美德』的痕跡：溫良恭儉讓，樣樣具備。儀態舉止上仍講究『巧笑倩兮，美目盼兮』的羞怯。自己的事業一不小心太順利時，還覺得對男人不起，太『僭越』了」。不僅與台灣女人相比如此，而且與德國女人相比也如此：「德國的女人，婚前也許雄心勃勃，一旦有了孩子就發現幼稚園、小學、中學都只上半天課，下午她就得留守家中做保姆、清潔婦、廚師、司機兼園丁，而這些工作又全是無給職，她變成一個伸手向男人要生活費的配偶。德國女人是歐洲有名的賢妻良母，為丈

夫子女犧牲自己的事業不僅不被當作美德，簡直就是女人應盡的義務。走過德國的小村鎮，你可以看見一戶一戶的女人在曬棉被，擦窗玻璃，擦呀，擦呀，擦得一塵不染，等着男人回家來誇獎。」

許多人把中國婦女今天的這種地位，歸功於五四以來的婦女解放運動。然而，這種地位真是完全拜婦女解放運動之賜嗎？

近代的婦女解放運動（即女權運動）起源於西歐。1789 年法國大革命爆發後，一群巴黎婦女進軍凡爾賽，向國民議會要求與男子平等的合法人權，從此揭開了女權運動的序幕。1791 年法國女劇作家高爾日（Olympe De Gouges）發表了《婦女權利宣言》，提出 17 條有關婦女權利的要求。這個宣言後來成為女權運動的綱領性文件。1792 年，英國女作家瑪麗‧沃斯通克拉夫特（Mary Wollstonecraft）發表《為女權辯護》一書，提出婦女應當在教育、就業和政治方面享有與男子同等的待遇。此後，婦女解放運動迅速傳播到其他國家。

龍應台提到的德國，早在 1865 年，婦女運動領袖路易絲‧彼得斯（Louise Otto-Peters）就已在萊比錫成立了德國公眾婦女協會（der Allgemeine Deutsche Frauenverein），從此拉開了德國有組織的婦女運動的帷幕。1894 年，德國婦女組織聯合會（Bund Deutscher Frauenvereine）成立，婦女運動出現了統一的組織。女革命家克拉拉‧蔡特金（Clara Zetkin）於 1891 年創辦了《平等報》（*L'égalité*）。1910 年，在哥本哈根舉行第二次國際社會主義者婦女代表大會上，蔡特金建議：為了加強世界勞動婦女的團結和支持婦女爭取自由平等的鬥爭，將每年的 3 月 8 日定為國際婦女節。19 世紀末 20 世紀初，德國婦女爭取到在高校學習的權利。1918 年，魏瑪共和

國的憲法規定，男女有平等的權利和義務，婦女還取得了被選舉權（即可以作為候選人被選舉）。1925 年，德國婦女組織聯合會經過鬥爭，使得刑法中關於墮胎的刑罰得以減輕。經過七十餘年的鬥爭，德國婦女運動卓有成效，後來婦女運動的任務便是維護、鞏固這些既得成就。

龍應台也提到了台灣的婦女解放運動也有長久的歷史。台灣被日本殖民統治達半個世紀之久，受日本的影響很大。在日本「脫亞入歐」的浪潮中，西方婦女解放運動波及到日本。以 1872 年頒佈的《藝妓解放令》和福澤諭吉宣導的「男女平權論」為標誌，日本的婦女解放運動開始了。在 1880 年代的自由民權運動中，景山英子、岸田俊子更成為女性解放運動的代表。日本的婦女解放運動對台灣具有重要影響。1949 年以後，從大陸過來的國民政府長期統治台灣，同時還有大批大陸人遷到台灣。這些「外省人」都經歷了「五四」運動以來中國的社會變化，因此大陸自「五四」以來的婦女解放運動的理念，也得以進一步深入台灣社會。

但是，德國和台灣婦女都經歷了長期的婦女運動而獲得今天這種地位，與前面龍應台所描繪的今天中國大陸婦女所擁有的地位，彼此有很大的差別，這一眼就可看出來。因此，僅用近代婦女解放運動肯定不能解釋今天中國婦女為何擁有現在這種地位。

一些學者把今天中國婦女的這種地位歸功於 1949 年以後中國政府推行的男女平等政策。這些政策對中國的男女平等確實起到了非常重要的作用，但是，這些政策並非只有中國實行過。現代土耳其之父凱瑪爾（Mustafa Kemal Atatürk），曾經用鐵腕強力推進婦女解放，在法律中明文強制不准婦女戴面紗、廢除一夫多妻、確立離

婚制度，以及保障婦女在教育就業、參政及財產繼承的平等權利。他還於 1934 年修改憲法，讓婦女在 21 歲擁有選舉權，30 歲擁有被選舉權，這比法國、瑞士等多數歐洲國家還早。他死後，這些政策仍繼續執行，使得土耳其成為伊斯蘭世界中最西化和最現代化的國家。可是，在近一個世紀後的今天，在「2010 年全球性別差距指數」所涉及的 134 個國家中，土耳其位居第 126 名；相比之下，中國婦女的地位要好得多，排名第 61 位。

還有人有意無意地把中國婦女地位的提高歸功於 1966 至 1976 年中國大陸發生的「無產階級文化大革命」運動。確實，在那場史無前例的「革命」中，中國發生了諸多正常人無法想像的事。例如眾多妙齡少女不要「彬彬」而「要武」、「不愛紅裝愛武裝」、打人抄家、滿口「國罵」（當時響遍華夏大地的著名紅衛兵戰歌「鬼見愁」，就以「不革命就滾你媽的蛋」的「國罵」結尾），使得全世界人民對中國女孩都另眼相看。不過，隨着革命狂熱的逝去，這些當年誓言要「徹底砸爛舊世界」的女紅衛兵們，似乎大多都回歸了她們當年不遺餘力去破除的「四舊」，所以她們自己有了女兒後，也和香港、台灣的母親們一樣，一窩蜂地把女兒送去學鋼琴、學書法，諄諄教導女兒說話、舉止和打扮要端莊得體，要學做「淑女」，也就是要模仿她們當年發誓徹底剷除的「地主、資產階級臭小姐」的做派。至於自己年輕時所幹的那些驚世駭俗的「革命壯舉」，則諱莫如深，唯恐女兒仿效。

既然今天中國婦女的地位，單靠婦女解放運動是不能創造出來的，那麼就只能說：這種地位是過去中國長期歷史發展的產物。近代的婦女解放運動是這個歷史發展過程的一個非常重要的部分，而

非全部。如果中國近代以前婦女的實際地位是如伊斯蘭教社會中的婦女地位那樣的話，即使經過國家強力主導的婦女解放運動，她們今天的地位依然不可能如此之高。這樣，又出現了一個問題：以往我們對中國婦女過去地位的看法，會不會有差錯？如果有差錯，真實的情況又是什麼？

為了更好地認識中國婦女今天的情況，我們必須重新檢視以往對中國婦女的看法，看看這些看法是否符合事實。

自五四以來，知識界普遍認為明清時期中國婦女地位極為低下。這主要是因為她們在政治、經濟、社會、教育、婚姻，乃至在家庭生活等方面，都處於一種無權或者依附的地位。這種看法成為了今日中國婦女史研究的一個毋庸討論的共識。然而，真實情況是否如此呢？下面，我們就通過事實來看一看，明清婦女在上述各方面，是否真的處於無權或者依附的地位。

按照普遍的看法，明清婦女政治地位低下，主要表現在她們被剝奪了做官的權利。大致而言，這確實是實情，但也不儘然，因為在清代最後近半個世紀的長時期裏，實際上的最高統治者是女性而非男性。我們同時也要看到：實際上被剝奪了這種權利的，絕非只是女性。在明清兩代，科舉是進入官僚機構的正常管道。按照曼素恩（Susan Mann）的估計，19 世紀初期，中國擁有功名的人數（包括通過捐納獲得功名者）約有 120 萬人，大約相當於全國男性人口總數的 0.5%。換言之，對於 99.5% 的男性居民來説，做官的權利實際上並不存在。因此強調婦女在此方面地位低下，並沒有太大意義。

在經濟方面，婦女也並非都是男子的依附者。我曾計算過清代江南一個農家婦女從事紡織的收入，在許多情況下，大約相當於一個男子從事農業的收入。就此而言，她們在家庭經濟中已經取得「半邊天」。也正因如此，一些地方出現了男子依靠婦女生活的現象。清代上海地方志說當地「民間男子多好遊閒，不事生業，其女子獨勤苦織紝，籌燈火，至達旦不休，終歲生資，率仰於織作」；「俗多遊手，藉婦工苟活」。此外，從《紅樓夢》所反映的情況來看，在清代上層社會的大家庭裏，婦女（如王熙鳳）往往是家庭財產的實際管理者。同時也可以看到，在這種大家庭中，不論男女，都沒有完全的和獨立的財產權。至於實際支配的財產（即私房），有些時候女性甚至比男性更多（例如王熙鳳之與賈璉）。因此說婦女的經濟地位一定比男子低下，未必能成立。

　　說明清婦女社會地位低下，主要是因為她們所受的束縛較多，特別是在與異性交往方面和在公共場所，但在許多地方，情況往往並不如此。明末清初江浙小說《照世杯》中的「走安南玉馬換猩絨」故事說：「就如我們吳越的婦女，終日遊山玩水，入寺拜僧，倚門定居，看戲赴社，把一個花容粉面，任你千人看，萬人瞧，他還要批評男人的長短，談笑過路的美醜，再不曉得愛惜自家頭臉」。我們在此實在看不出這些婦女受到多少禮教束縛。至於最為後人詬病的纏足一事，主要限於漢人上中層社會，在廣大勞動婦中非常有限。例如清代小說《錦繡衣》說：在清代山東濟寧等地，纏足就很不普遍，「原來濟寧婦人，多是不裹足的，一雙腳兒，就如尺櫃一般」。在光緒初年，「廣州的婦女，大概蛋戶和那些僕婢全部是天足，而所謂上等人家才纏足」，而這也並非晚清特有的現象。據吳

震方的《嶺南雜記》，早在明清之際就已然，「嶺南婦女多不纏足，其或大家富室閨閣則纏之；婦婢俱赤足行市中。親戚饋遺盤盒，俱婦人擔負，至人家則袖中出鞋穿之，出門則脫置袖中。……下等女子纏足，則皆詬厲之，以為良賤之別」。至於在絕大多數的少數民族人民（包括漢軍旗人）中，即使上層社會婦女也不纏足。因此對於大多數中國婦女來說，此項迫害並不存在。

明清婦女受教育的機會確實比男子少。不過，在上層社會裏，婦女受教育依然相當普遍，例如《紅樓夢》中賈府的那些小姐們，大多都能吟詩作賦，文化水平頗高。相反，在下層社會裏，即使是男子也很少有受教育的機會，可以説是男女都同樣被剝奪了受教育的權利。在江南等一些地方，到了清代，教育到了農村婦女中，所以才產生了諸如松江彈詞女作家朱素仙那樣出身鄉農之家並為鄉村大眾寫作的女性作家。朱素仙是農家女子，在其作品《玉連環》之末，她題詩説：「詞人本是農家子，鄙語蕪辭□□□（原缺）。後來倘有希奇事，耕作餘暇再及些」。因此，雖然兩性在受教育方面確實存在差別，但是這個差別可能不像一般想像中的那麼大。

在明清的家庭生活（特別是上中層社會的家庭生活）中，決定各個家庭成員地位的因素很多，除了性別差異外，還有嫡庶差異、輩份差異、與當權者關係的親疏等。在許多情況下，後面這些因素所起的作用甚至更大。例如在《紅樓夢》中的賈府裏，地位最高的是賈母，而非任何一個男性成員。而在賈璉和王熙鳳的小家庭中，顯然也是陰盛陽衰。此外，在婚外性關係方面，賈府中的男性主子固然可以三妻四妾，而女性主子也可以私養情人，以致焦大説賈府主子「扒灰的扒灰，養小叔子的養小叔子，只有門前的石獅子是乾

淨的」。由此而言，婦女在家庭生活中也並非全是受壓迫者。事實上，在明清時期，許多中國男人儘管在外人面前做出一副大丈夫的樣子，但是在家裏卻只是「二把手」。明朝成化時就有人說：「可笑今人之人家，不論賢愚貴賤，大小事務皆由乎婦人。至有剛果之夫，亦且半之」。

明清婦女不能自由擇偶，通常被認為是婦女受壓迫的重要表現。不過，在近代以前，不能自由擇偶是普遍現象，並非只是針對婦女而然，男子同樣也如此。婚姻要有「父母之命，媒妁之言」，青年男女都必須照此辦理，薛寶釵、茱麗葉如此，賈寶玉、羅密歐也不例外。明清婦女被迫守節，也被認為是婦女被壓迫的主要表現之一。這個問題也值得重新研究。從郭松義先生的研究來看，即使在節婦貞女最多的清朝，在其兩個半世紀的統治時期中，旌表的貞節烈女總數可能達到 100 萬人，未獲旌表的人數大略與此相當，二者合計達到 200 萬人。這個數字雖然不小，但是與全國婦女總數相比，所佔比例其實非常之小。事實上，正是當時絕大多數喪偶婦女不願守節，所以朝廷才會如此積極地旌表節烈。此外，從今天的角度來看，那些貞節烈女被剝奪了再婚的權利，是對人權的嚴重侵犯。在沒有擇偶自主權的時代，結婚並不一定意味着幸福。清初著名文人李漁在小說《連城璧》中，說閻羅王給罪人最可怕的懲罰，不是讓他（或她）來生變牛變馬，而是讓他（或她）變為女人，與一個不如意的丈夫「白頭偕老，一世受別人幾世的磨難，這才是懲奸治惡的極刑」。另一清代小說家西湖漁隱主人也在其作品《貪歡報》中說：女人如果嫁了不滿意的丈夫，「真真上天無路，下地無

門」,「倒是沒他的快活」。由此意義上來說,守節倒為許多不願再受包辦婚姻之苦的婦女提供了一種逃避的方式。

如果我們把能否結婚成家作為幸福的一個指標,那麼男子在婚姻方面似乎處於更加不利的地位。根據人口史學者李中清(James Lee)和王豐對清代北京、安徽、遼寧人口的研究,當時適齡婦女基本上都結了婚,而大量的適齡男子卻終身不能結婚(在遼寧農村,這個比例高達20%)。此外,他們的研究還表明:在0歲和10歲時,婦女的預期壽命低於男子,而在20歲時,婦女的預期壽命卻高於男子。前者與災荒時溺女嬰的惡習有關,而後者則表明成年婦女的實際生活水平和生活品質與男子沒有多少差別。事實上,較之在宗教束縛下的中世紀乃至近代早期的歐洲許多地方的婦女,明清中國不少地方的婦女在社會中的實際地位可能更高。引起眾多上海男士憤怒的龍應台關於「上海小男人」的說法,不論是否妥當,卻是道出了今日中國城市婦女地位甚至高於若干發達國家的事實。而如果沒有婦女在過去的實際地位較高為基礎,這種現象是不可能發生的。

當然,這裏要申明:我絕非想要否定學界關於婦女在明清社會中地位較低的定論,我指出以上事實,僅是要強調:這一重大結論賴以立論的事實基礎,有些並未經過深入的探討,從而不一定經得起事實的檢驗。而建立在經不起事實檢驗基礎上的任何結論,都缺乏足夠的說服力。而史學所能依據的事實就是史料,因此史學研究只能以史料為依據。

以往對明清婦女的看法中的上述問題是如何造成的呢?我認為一個重要的原因是目前許多研究者未能辨明一些所謂的「共識」正

確與否。例如過去認為明清中國婦女深受程朱理學（或者「封建禮教」）的束縛和壓迫，但是仔細來看，這個觀點是以禮教對當時社會生活具有強大的支配力為前提的，亦即整個社會（特別是婦女）的生活都在禮教的嚴格控制下進行。而近年來的研究表明，這種看法無疑有與事實不符之處。例如官方和道學家們最積極鼓吹「男女大防」和婦女貞節的時代，往往也是人欲橫流、色情氾濫的時代。在明清的出版物中，與四書五經並行而成為社會銷路最大的，恰恰就是道學人士痛恨的世情小說。明中葉到清初是世情小說出版的第一個高潮時期，而清中期則是第二個高潮時期。世情小說的兩大流派 ── 豔情小說（即今天所說的黃色小說或者色情小說）與才子佳人小說都大量出現。這些豔情小說種類之多，格調之低，不僅在中國歷史上僅見，其「殺傷力」在今天也足以令從事青少年教育工作的人士感到恐懼。這類讀物在當時風靡全社會，其讀者遠較四書五經的讀者為多。託名江南著名文人李漁著的著名淫書《肉蒲團》的序言居然這樣說：「這部小說（《肉蒲團》）惹看極矣。吾之書成之後，普天之下無一人不買，無一人不讀，所不買不讀者惟道學先生耳。然而真道學先生未有不買不讀者，獨有一種假道學，要以方正欺人，不敢買去讀耳。抑又有說：彼雖不敢自買，未必不倩人代買讀之。雖不敢明讀，未必不背人私讀耳」。清朝順治九年、康熙四十八年及五十三年、乾隆元年、嘉慶七年、十五年與十八年，朝廷都曾頒佈法令，開展「掃黃」運動，對「坊肆小說淫詞」加以「嚴查禁絕」、「通行嚴禁」，但卻愈禁愈多。到了道光十四年二月，連皇帝也不得不在上諭中承認：「近來傳奇、演義等書，踵事翻新，詞多俚鄙，其始不過市井之徒樂於觀覽，甚至兒童婦女莫不飫聞而習見之，以蕩佚為風流，以強梁為雄傑，以佻薄為能事，以穢褻為

常談。」在此情況下，如果我們依然認為這些「以佻薄為能事，以穢褻為常談」的下層社會婦女真的會非禮勿視，非禮勿聽，顯然不符事實。事實上，夫唱婦隨、三從四德、貞節自守這些禮教中的婦女行為準則，像《紅樓夢》中的賈府那樣「鐘鳴鼎食之家」也並非都行得通。因此在尚未深入驗證對禮教在社會生活中所起的作用之前，把禮教中限制和歧視婦女的說法作為社會普遍現象，並以此作為中國婦女史研究的出發點，顯然是有問題的。

此外，如果我們認真地去看歷史，我們會發現中國傳統社會中婦女的地位，與近代以來的西方社會中的婦女相比，在一些方面並不見得低下。例如在西方，自羅馬帝國以來，毆打妻子是合法的。直到 1871 年，西方第一個禁止丈夫毆打妻子的法律才在美國的阿拉巴馬州和麻塞諸塞州首次通過，在英國則要到 1880 年代才通過類似的法律。而在中國，早在秦代，就已有法律禁止夫毆妻。在秦律中，夫毆傷妻與普通鬥傷罪同樣治罪。《法律答問》說：「妻悍，夫毆治之，夬（決）其耳，若折支（肢）指、胅骹（體），問夫可（何）論？當耐。」這是關於夫毆傷妻的法律。而對普通鬥傷罪的處理則是：「律曰：鬥夬（決）人耳，耐」；「或鬥，齧斷人鼻若耳若指若唇，論各可（何）殹（也）？議皆當耐。」換言之，丈夫殺、傷妻子屬於普通鬥傷的犯罪，在受懲處方面並不享有如父母之於子女、主人之於奴婢那樣的免罪或減罪的特權。僅就此方面而言，秦代中國婦女的法律地位，就比 19 世紀中期以前西方社會中的婦女地位高。毛澤東在《湖南農民運動考察報告》裏說中國婦女受到「政權」、「神權」、「族權」、「夫權」的束縛，族長有權把婦女送到祠堂裏處以「打屁股」、「沉潭」、「活埋」等殘酷的肉刑和死

刑，但是此類地方陋習屬於私刑行為，為歷朝法律所嚴禁。雖然法律實施程度如何還需研究，但是決不能視之為普遍情況。正如在今天，雖然中國法律嚴禁買賣婦女兒童，但是這類犯罪活動依然十分猖獗。依照中國最高人民法院的統計，2010年全國法院共審結拐賣婦女、兒童犯罪案件1,990件，比2009年同比上升16.36%；依法懲處犯罪分子3,818人，同比增長51.57%，其中判處五年以上有期徒刑、無期徒刑至死刑的2,216人，重刑率為59.70%，但我們決不能因此就說這是當代中國的普遍情況。當然，我絕不認為中國古代婦女享有同男子一樣的地位，我只想指出：如果要對中國古代婦女的實際地位有更好的了解，還必須進行更深入的研究，而非依照一些尚未經事實證實的假設來下結論。

馬克思說：「無論哪一個社會形態，在它所能容納的全部生產力發揮出來以前，是決不會滅亡的；而新的更高的生產關係，在它的物質存在條件在舊社會的胎胞裏成熟以前，是決不會出現的。」中國婦女今天在社會中的地位也是這樣，在它的物質存在條件在舊社會的胞胎裏成熟以前，是決不會出現的。中國近代的婦女解放運動之所以如此成功，乃是因為婦女解放的物質條件在近代以前就已達到相當的程度。否則，就如前面提到土耳其那樣，即使政府用國家權力強制推行婦女解放運動，也無法達到中國婦女解放的水平。順帶一提，鄰近的日本和韓國，雖然在許多方面與中國有相似之處，但是在近代以前，這些國家婦女的地位顯然不如中國。因此到了今天，在「2010年全球性別差距指數」所涉及的134個國家中，日本位居第92名，韓國104名，均遠不及中國。擁有同樣政治體制、同樣實行婦女解放政策的越南，排名居第72位，也落後

於中國。這清楚地說明：近代以前（特別是明清時期）中國婦女的地位，並不如過去許多人認為的那麼低，否則，我們就只能把今天中國婦女所擁有的地位歸功於只有中國有的「無產階級文化大革命」了。

並不冬烘
—— 清朝讀書人的數學知識

「五四」運動以來，人們心目中的舊式中國讀書人，就是《儒林外史》中的范進、魯迅筆下的孔乙己一類漫畫化了的冬烘先生，狹隘、猥瑣、可憐，除了能死記硬背四書五經的文句和會寫一筆尚屬過得去的正楷外，一無所能。至於說到數學知識，他們更似乎是一無所知。然而我近來從一些明清野史小說中發現，在新式學堂出現以前，中國讀書人的數學知識似乎頗豐富。因此以往那種對中國舊式讀書人的印象，也隨之改變。這裏我僅以夏敬渠的《野叟曝言》為例談談。

《野叟曝言》是乾隆年間出現的一部長篇小說，原本不題撰人，光緒八年刻本西氓山樵序說係「江陰夏先生」。經魯迅考證，得知「夏先生」即夏敬渠。又據趙景深考證，夏敬渠，字懋修，號二銘，江蘇江陰人，生於康熙四十四年（1705），卒於乾隆五十二年（1787），享年 83 歲。《野叟曝言》是他在乾隆四十四年（1779）前後完成的，其時他已大約 75 歲。

《野叟曝言》對 18 世紀讀書人家庭的數學知識有細緻的描寫。現將這些描述之著者摘錄於下（據人民文學出版社 1999 年排印本）：

第 70 頁：

（文素臣進入劉璿姑房間）只見房內⋯⋯側首一張條桌，桌上筆硯濟楚，擺有舊書數十本，文素臣看時，是一部《四書》，一部袖珍《五經》，一部《法算》，一部《綱鑒薈要》，還有四本袖珍《字彙》。

第 84 頁：

璿姑道：「奴年十七，亡母夢織女星手持機錦投懷而生，故取璿璣的璿字。就是母親教了幾個字兒，也還寫得上來，母親還教過作詩作對，沒有學成，就只看得桌子上這幾本書，還有許多不明白的哩。針黹是嫂嫂教的。也學些演算法，別的卻是不會。」素臣道：「那桌上的算書所載各法，你都學會麼？」璿姑道：「雖非精熟，卻還算得上來。」素臣歡喜道：「那籤上寫得九章演算法，頗是煩難，不想你都會了，將來再教你三角演算法，便可量天測地，推步日月五星。」璿姑大喜道：「小奴生性最愛演算法，卻不知有三角各色，萬望相公指示。」素臣道：「三角止不過推廣勾股，其所列四率，亦不過異乘同除，但其中曲折較多，還有弧三角法，更須推算次形。我家中現有成書，將來自可學習，也不是一時性急的事。」當將鈍角、銳角，截作兩勾股，與補成一勾股之法，先與細細講解⋯⋯講到割圓之法⋯⋯璿姑心愛算學，吃飯時津津而問，素臣也將箸蘸着汁湯在桌上畫那全圓弧矢弦徑之形，逐一指示。璿姑資性聰明，兼與演算法有緣，一經指點，件件都有悟頭。素臣大喜道：「留心演算法，到處講說，絕少會心之人，不料你小小女子反有如此

聰明……」。吃完了飯，一面吃茶，一面討過紙筆，畫出幾個三角，求積容圓容方的圖形，於三邊注目丈尺，叫璚姑推算，璚姑細看一會，在後面餘紙之上也畫作幾個圖形，將三邊丈尺增減，較原圖容積各得十分之六。素臣拍案道：「大奇！大奇！此真可與言算矣。」因把八線之理細細講解，畫了又説，説了又畫，外面午飯拿來也不歇手，帶吃帶畫帶説，沒個住頭，直到日落西山……。

第 91 頁：

素臣一覺醒來，卻被璚姑纖纖玉指在背上畫來畫去，又頻頻作圈，不解何意，問其緣故，璚姑驚醒，亦云不知，但是一心憶着演算法，夢中尚在畫那弧度，就被相公喚醒了。素臣道：「可謂好學者矣。如此專心，何愁算學不成？」因在璚姑的腹上周圍畫一個大圈，説道：「這算周天三百六十度。」指着璚姑的香臍道：「這就算是地了，這臍周就是地面，這臍心就是地心。在這地的四周量至天的四周，與在這地心量至天的四周，分寸不是差了麼？所以演算法有這地平差一條，就是差着地心與地面的數兒……」。璚姑笑道：「天地謂之兩大，原來地在天中不過這一點子，可見妻子比丈夫小着多哩！」……璚姑道：「這個自然。但古人説，周天三百六十五度四分度之一謂之天行，怎麼相關只説是三百六十度？」素臣道：「三百六十五度四分度之一雖喚作天行，其實不是天之行，天行更速，名宗動天，曆家存而不論，所算者不過經緯而已。這三百六十五度四分度之一也只是經星行度，因經星最高，其差甚微，故即設為天行。古人算天行盈縮也各不相同，皆有零散，惟邵康節先生

作三百六十度，其法最妥。今之曆家宗之所謂整馭零之法也。蓋日月五星行度各各不同，兼有奇零，若把天行再作奇零，便極難算，故把他來作了整數。地恰在天中，大小雖殊，形體則一，故也把來作了三百六十度。天地皆作整文，然後去推那不整的日月五星，則事半功倍矣。」璿姑恍然大悟。

第 93 頁：

素臣取一根稻草，摘了尺寸，令大郎削起幾枝竹箭聽用。一面取過畫筆，畫了許多黃白赤道、地平經緯各圖，將那弧度交角之理指示璿姑。

第 95 頁：

（素臣對璿姑講授曆算之法說：）其大略也，測算並用，心目兩精，循序漸進，毋有越思，斯得之矣。我生平有四件事略有所長，欲得同志切磋，學成時傳之其人。如今曆算之法得了你，要算一個傳人了。

第 97 至 98 頁：

璿姑見素臣情致無聊，取出《九章演算法》來，請指示紕繆，以分其心。素臣道：「徑一圍三，其實則徑常不足，周長有餘。常用貴乎簡便，亦當作徑一百十三周三百五十五，方無大舛。若必求吻合，則更有密率，現載成書，將來你查閱自知。至前邊這些加減乘除之法，則係開鎖之鑰匙、入室之門徑。但不可用算盤，蓋量天測地，要算那日躔月離，法極繁重，一盤少錯，百盤皆空矣。必須用筆算之法，則落紙有跡，雖有差

訛，按圖可復也。」因將筆算加、減、乘、除、平方、立方之式各寫一紙，令璿姑學習。璿姑靈穎，加減乘除不過一遍即會，平方立方少加請問，亦即通曉，道得上燈時，早已縱橫無礙，十分透徹。又把帶縱平方立方之法寫出幾條講解與聽，道得夜膳上來，已俱會了。

第 112 頁：

（素臣將娶璿姑，致函並禮物）其書曰：……算書全部一百三十二本、規矩一匣、儀器一具，專人寄付，好為收領。演算法妙於三角，曆學起於日躔……。

第 113 頁：

（田氏）知道璿姑通曉文墨，在書房內取進一張書架，便他安放書籍，一切文房之具都替他擺設在一張四仙桌上，又將自己房內一把十九回的花梨算盤也拿了過來。

從以上引文可見，當時江浙一些士人家庭中（書中主人公文素臣是蘇州人，劉璿姑未嫁時住在杭州），對數學的興趣甚為濃厚，甚至連夫妻之間亦以討論數學為樂。他們的數學知識頗為全面深入，不僅知道加、減、乘、除、平方、立方演算法，而且也了解黃、白、赤道，地平、經緯各圖，弧度交角之理，勾股、三角法、割圓之法。不僅在士人（文素臣）家中數學書籍（算書）及運算工具（規矩、儀器、算盤）頗為齊備，而且連「賣糕餅以營生」的市井小家碧玉（劉璿姑）閨房裏，也有一部《法算》。

不過，我們也要問：《野叟曝言》中反映出來的這些情況，是否具有一定普遍性？

　　首先，從夏敬渠的經歷，來看看他的數學知識在當時的士人中是否獨一無二。夏氏是 18 世紀江浙地區的一個下層知識分子，一生不得志。其家貧，又只是生員，不得不以教書、游幕為生。雖科場不得意，但他聰敏好學，通經史，旁及諸子百家、禮樂兵刑、天文算數之學，靡不淹貫。他足跡幾遍海內，經歷豐富。晚年回到家鄉，「屏絕進取，一意著書」。著有《經史餘論》、《學古篇》、《綱目舉正》、《全史約論》、《醫學發蒙》、《浣玉軒文集》、《浣玉軒詩集》等。《野叟曝言》成於其晚年，友人讀稿本，即「識先生之底蘊，於學無所不精」。由此可見，夏氏雖然知識比范進、孔乙己們要豐富，但其所受教育和後者一樣，基本上仍然是傳統教育，而非如徐光啟、李善蘭等學者那樣，通過與傳教士交往受到西學影響。因此夏氏的數學知識，主要來自江浙地區的傳統教育。換言之，與大多數清代江浙一帶的讀書人相比，夏氏所掌握的數學知識可能比較豐富一些，但也絕非是一特例。

　　其次，我們從《野叟曝言》的成書背景，來看看該書中所反映的情況是否獨一無二。《野叟曝言》是清代中葉出現的一本「才學小說」。關於「才學小說」的時代，胡適先生有很好概括：「那個時代是一個博學的時代，故那時代的小說，也不知不覺地掛上了博學的牌子，這是時代的影響，誰也逃不過的。」由於乾嘉學派的影響，讀書人崇尚學問，流風所及，通俗文學的作者也往往喜歡把學問寫進文學作品。《野叟曝言》的凡例云：「是書之敍事、說理、談經、論史、教孝、勸忠、運籌、決策，藝之兵、詩、醫、算，情之

喜、怒、哀、懼，講道學、辟邪說、描春態、縱諧謔，無一不臻頂壁一層。」將如此豐富的內容融入小說，就是為了顯示作者的博學。

因為博學是這個時代的風尚，所以除了《野叟曝言》外，其他的「才學小說」如屠紳的《蟫史》、陳球的《燕山外史》、李汝珍的《鏡花緣》等，也有類似的取向。這些「才學小說」的作者為了顯示自己博學，力求將傳統學術盡可能地包羅在其小說中，使得小說成為可讀性與學術性的結合。就數學知識而言，《鏡花緣》中也頗有表現，何炳郁先生在〈從《鏡花緣》試探十九世紀初期科學知識在一般士人中的普及〉一文中就做過討論，有興趣的讀者可以看看這篇文章，這裏就不贅述了。

再次，除了這些「才學小說」外，讀書人擁有一些數學知識，也反映在清代前中期的其他通俗小說中。例如在《儒林外史》中，即使是像周進那樣的冬烘先生，或者像匡超人那樣的農家子弟，也都掌握了一定的數學知識，所以周進才會被商人僱去當書記記賬，而匡超人則自己經營店鋪作坊。

因此，可以說，《野叟曝言》中反映出來的那些情況具有一定的時代普遍性。換言之，18 世紀和 19 世紀初期的中國讀書人掌握相當的數學知識，是一個普遍的現象，所以才表現在野史小說中。這一點，應當說是毋庸置疑的。

那麼，新式學堂出現以前，中國讀書人的數學知識是從何而來的呢？

清初數學家陳世明說：「嘗觀古者教人之法必原本於六藝，竊疑數之為道小矣，惡可與禮樂侔……後世數則委之商賈販鬻輩，

士大夫恥言之，皆以為不足學，故傳者益鮮。」清代中期數學家張豸冠則説：「數為六藝之一，古之學者罔弗能。自詞章之學興，而此道遂棄如土。雖向老師宿儒問以六經四書中之涉於數者，亦茫然不能解。」當時的學堂教育似乎不包括數學教育，但是在學堂教育中，至少可以認識記數文字、加減乘除等基本運算的名稱及含義、主要計量（度量衡）單位及大小、多少等數學基本概念，並學習到與計算有密切關係的曆法、天文等方面的一些知識，這些知識反過來又促進了對計算方法的學習。有了這些基本的概念，在「九九歌」、珠算口訣等通俗數學教育手段的幫助下，學會加、減、乘、除四則運算並不是一件很難的事。

清代中國數學出現了很大的進步，大大推動了數學教育。其中之一，是民間數學知識傳播的進步，主要是珠算、筆算和口算（心算）方法的出現與普及。到了明代中期，算盤在江南已經頗為普及。清代勞乃宣編的《籌算蒙課》，內容即以珠算教育為主，表明珠算教育進入了啟蒙教育。中國原來沒有筆算，明代後期利瑪竇把西方演算法傳入後始有。口算的基本口訣如現在小學生背誦的乘法口訣「九九歌」，早在春秋時代就已出現，到南宋時已變得和今日完全一樣。但是這些口訣一直是為籌算服務的，因此口算是否已經出現並不清楚。到了清代，運用這些口訣進行口算（當時稱為「嘴算」）才變得普遍。算學及與數學關係密切的關於聲律、醫學、天文、輿地等的啟蒙教材，也陸續出現於清代，是數學教育逐漸普及的表現。

這裏，我們還要特別討論一下《野叟曝言》中所反映出來的那些比較高深的數學知識（特別是那些與西洋數學有關的知識），到底是從何而來，以及為什麼會傳播到一般知識分子之中。

明清時期中國數學進步的一個重要的成因，是西洋數學的引進和吸收。西洋數學自明代後期傳入中國後，很快便為中國學界所接受。在傳入的數學中，影響最大的是幾何學。《幾何原本》是中國第一部數學翻譯著作，絕大部分數學名詞都是首創的，其中許多至今仍在沿用。徐光啟認為對它「不必疑」、「不必改」，「舉世無一人不當學」。其次是三角學，介紹西方三角學的著作有《大測》、《割圓八線表》和《測量全義》。《大測》主要說明三角八線（正弦、餘弦、正切、餘切、正割、餘割、正矢、餘矢）的性質，造表方法和用表方法。《測量全義》除增加一些《大測》所缺的平面三角外，比較重要的是積化和差公式和球面三角。

　　入清之後，西洋數學更受到朝野的重視。清初學者薛鳳祚、方中通等從傳教士穆尼閣（Nikolaus Smogulecki）學習西洋科學，編成《曆學會通》和《數度衍》等，其中數學內容有《比例對數表》、《比例四線新表》和《三角演算法》，介紹了英國數學家納皮爾（John Napier）和布利格斯（Henry Briggs）發明增修的對數以及球面三角、半形公式、半弧公式、德氏比例式、納氏比例式等。對數的傳入十分重要，它在曆法計算中立即就得到應用。清初中國數學家中會通中西數學的傑出代表是梅文鼎。他是集中西數學之大成者，其數學著作有 13 種共 40 卷，對傳統數學中的線性方程組解法、勾股形解法和高次冪求正根方法等方面進行整理和研究。他堅信中國傳統數學「必有精理」，對古代名著做了深入的研究，同時又能正確對待西方數學，使之在中國扎根，對清代中期數學研究的高潮具有重要影響。與他同時代的數學家還有王錫闡和年希堯等人，也在中西數學的融合方面作了重要的貢獻。

當然，在推動中國學界接受西洋數學方面影響最大的人物，還是康熙皇帝。他除了親自學習天文數學外，還命梅瑴成任蒙養齋彙編官，會同陳厚耀、何國宗、明安圖、楊道聲等編纂天文演算法書。康熙六十年（1721）完成《律曆淵源》一百卷，以康熙「御定」的名義於雍正元年（1723）出版。其中《數理精蘊》主要由梅瑴成負責，分上下兩編，上編包括《幾何原本》、《演算法原本》，均譯自法文著作；下編包括算術、代數、平面幾何、平面三角、立體幾何等初等數學，附有素數表、對數表和三角函數表。由於它是一部比較全面的初等數學百科全書，並有康熙「御定」的名義，所以對當時學界和社會有一定影響。

　　到了乾嘉時期，中國傳統學術達到頂峰。而乾嘉學派的治學方法，與近代西方的科學方法頗有相似之處，以致丁文江先生說：「許多中國人，不知道科學方法和近三百年經學大師治學方法是一樣的。」胡適先生也推崇清代經學大師的研究方法，稱為「合於西方科學方法」。乾嘉學派的興起，有的學者乾脆就認為是受到西方科學的影響。而在當時的西方科學中，數學是最重要領域之一。因此乾嘉學派中的許多學者，都對數學有濃厚的興趣。

　　受考據學的影響，乾嘉乃至道光時期中國學者進一步消化先前引進的西洋數學的同時，也出現了一個研究傳統數學的高潮。焦循、汪萊、李銳、李善蘭等人，都有重要貢獻。其中李善蘭在《垛積比類》（約1859）中得到三角自乘垛求和公式，現在稱之為「李善蘭恆等式」。

　　清代數學家對西方數學做了大量的會通工作，並取得許多獨創性的成果。嘉慶四年，阮元與李銳等編寫了一部天文數學家傳

記《疇人傳》，收入了從黃帝時到嘉慶四年的已故天文學家和數學家二百七十餘人（其中有數學著作傳世的不足 50 人），和明末以來介紹西方天文數學的傳教士 41 人。這種將中西數學家合在一起寫的方法，表明了明清傳入中國的西洋數學，已經與中國的傳統數學融為一體，成為乾隆學術的不可分割的部分。由此來看，我們對於《野叟曝言》所反映出來的 18 世紀中國讀書人雖然與傳教士沒有交往，但對源自西洋的數學知識了解頗多的情況，也就不會感到詫異了。

由於數學知識的普及，清代讀書人掌握了相當的數學知識也就是理所當然的了。特別是在夏敬渠所生活的江浙地區，那裏教育最發達，精通數學的人士也最多。數學家王錫闡、項名達、戴熙、李善蘭、華蘅芳（同時也是機械製造專家），以及天文學家陳傑、天文氣象學家王貞儀、地理學家與人口學家洪亮吉、水利專家陳潢、兵器製造專家龔振麟、化學家與機械製造專家徐壽等，都是代表人物。他們的數學知識在當時的世界上也算得上是精深的。簡言之，在西方的新式學堂出現以前，中國的傳統教育中就已包含着數學教育，而且大量引進的西洋數學知識已被有機地融入中國的數學，所以這種傳統教育的內容絕非僅讀四書五經和學寫八股文。受過這種教育的人（亦即「讀書人」），也當然並非盡是范進、孔乙己一類冬烘先生。比較全面的說法是，這種教育培養出來的讀書人，既有范進、孔乙己一類庸人，也有梅文鼎、李善蘭這樣的科學英才。至於大多數讀書人，其知識水平應當在這兩個極端之間。而就江浙一帶的情況而言，由於教育發達，大多數讀書人不僅熟悉文史，而且也掌握了相當的科學知識，無怪乎博雅會成為時尚。在這樣的背景下，像夏敬渠這樣的下層知識分子也掌握了相當的數學知識，並將此寫入小說以趨時示博學，也就不足為奇了。

糞土重於萬戶侯
—— 明清江南的肥料

　　1925 年秋，在湘江桔子洲頭，已過而立之年的毛澤東回到家鄉韶山開辦農民夜校，準備發動農村革命。此時他追憶起多年前的學生生活，寫下了「指點江山，激揚文字，糞土當年萬戶侯」的詩句。糞土至賤，萬戶侯至貴。視萬戶侯為糞土，顯示了這個農家青年睥睨權貴的傲氣。倘若從經濟史的角度來看，糞土確實比萬戶侯更為重要，所以可以說是糞土重於萬戶侯。

　　清初酌元亭主人所作小説《掘新坑慳鬼成財主》，大概是中國文學史上唯一以廁所為題材的作品。通過這篇作品，我們可對糞土（主要是人糞）在經濟史上的重要性獲得生動而直觀的了解。茲不避煩碎，將有關內容摘引如下：

　　清朝初年，湖州烏程縣的義鄉村，位在「山凹底下」。「那些種山田的，全靠人糞去栽培。又因離城穹遠，沒有水路通得糞船，只好在遠近鄉村田埂路上，拾些殘糞。這糞倒比金子還值錢」。村中有一位地主穆太公，頗有經濟頭腦，「想出一個較策來，道：『我在城中走，見道旁都有糞坑。我們村中就沒得，可知道把這些寶貝汁都狼藉了！我卻如今想出個制度來，倒強似做別樣生意』。隨即去叫瓦匠，把門前三間屋掘成三個大坑，每一個坑都砌起小牆隔斷，牆上又粉起來」；「又分外蓋起一間屋，掘一個坑，專放婦

人進去隨喜（引者按：即排泄）」。蓋好後，穆太公「忙到城中親戚人家，討了無數詩畫斗方，貼在這糞屋壁上」。又請鎮上塾師，為糞屋命名「齒爵堂」。裝修畢，「恐眾人不曉得」，央塾師書寫海報百十張，大書「穆家噴香糞坑，奉迎遠近君子下顧，本宅願貼草紙」，四處黏貼。消息傳出，「那鄉間人最愛小便宜，……見有現成草紙，怎不動火？又且壁上花花綠綠，最惹人看。登一次新坑，就如看一次景致。莫講別的，只那三間糞屋，粉得雪洞一般，比鄉間人臥室還不同些」。於是「老老幼幼，盡來鑒賞新坑」。穆太公「每日五更起床，給放草紙，連吃飯也沒工夫。到夜裏便將糞屋鎖上，恐怕人家偷糞換錢」。因有糞，「一時種田的莊戶，都來他家薑買，每擔是價銀一錢。更有挑柴、運米、擔油來兌換的。太公以買糞坑之後，倒成個富足人家」，號「新坑穆家」。後來村中有人與穆家作對，另建一坑「搶生意」，於是釀成人命案。

清代江南人民對人糞收集的重視，也給乾隆末年來華的外國人以深刻的印象。著名的馬戛爾尼（George Macartney）使團的成員斯丹東（George Thomas Staunton）在其所撰的訪華見聞錄中寫道：「中國人非常注意積肥。大批無力做其他勞動的老人、婦女和小孩，身後背一個筐，手裏拿一個木耙，到街上、公路上和河岸兩邊，到處尋找可以做肥料的垃圾廢物。……在中國農民家庭中，任何老弱殘廢的人都有用處，他們幹不了別的勞動，但他們能積肥弄肥」；「除了家禽糞而外，中國人最重視人的尿糞……。中國人把這種糞便積起來，裏面攙進堅硬壤土做成塊，在太陽下曬乾。這種糞塊可以作為商品賣給農民」；同時，農民「在田地裏或公路道邊安放一些大缸，埋在地裏，供來往行人大小便。在村莊附近或公路旁邊有時

搭一個廁所，裏面安放糞缸。在缸裏面隨時把一些稻草放在上層，藉以阻止蒸發消耗」。這段外國觀察者的目擊記錄，證實了酌元亭主人小說中所說並非子虛烏有。

從上述故事和記錄可以看到：在清代江南，至卑至賤的人糞受到高度重視。為什麼會這樣呢？原因很簡單：土地連續耕種將會導致肥力減退，古人早已從生產實踐中認識到了這一點。宋末農書《種藝必用》說：「地久耕則耗」。宋朝有名的農學著作《陳旉農書》說得更加清楚：「土敝則草木不長，氣衰則生物不遂。凡田種三五年，其力已乏」。土地肥力減退，作物收成就要下降。清初人梁清遠已注意到這一現象，說：「昔日人有記：嘉靖時，墾田一畝，收谷一石。萬曆間不能五斗。糞非不多，力非不勤，而所入不當昔之半。⋯⋯乃今十年來，去萬曆時又不同矣，畝收二三耳，始信昔人言之果然也」。清朝嘉慶時，松江（今上海一帶）人欽善聽到「八十以上老農之言曰：『往昔肬苗，畝三石粟；近日肬苗，畝三斗穀。澤革內猶是，昔厚今薄，地氣使然』」。老農的話，意思是過去一畝田可以收三石稻穀，現在只能收三斗稻穀。灌溉用水都一樣，但土地肥力下降了，所以為了制止土地肥力下降，就必須施肥，以保持和增進土地肥力。清初著名學者張履祥（浙江桐鄉人）也說：「人畜之糞與灶灰腳泥，無用也，一入田地，便將化為布帛菽粟」。

雖然今天人人都知道施肥的重要性，但是在江南，直到南宋，農田施肥的情況才開始比較清楚。從《陳旉農書》和樓璹《耕織圖詩》，我們得知南宋江南已使用人糞作為肥料。到了明清，隨着對肥料的需求不斷增加，人糞也變得更加重要。因此人糞的收集與加工，也達到空前未有的程度。

在江南農村，早在宋代就已有收集人糞的記載。《陳旉農書》已說到建造糞屋、糞池收集人糞尿。元朝農學家王禎、明朝知名文人袁黃（了凡）也說元、明兩代的江南農家「各家皆置坑廁，濫則出而窖之，家中不能立窖者，田首亦可置窖，拾亂磚砌之，藏糞於中」。但事實上，一直至明代後期，江南許多地方對人糞的收集工作做得還很不夠。到了清初，人糞的收集才受到高度重視，以致出現了穆太公一類的有心人不惜斥重金在農村興建公廁以收集人糞。

城鎮人糞的收集又是另一回事。城鎮人口密集，而人多則糞多，糞多則肥多，肥多則田沃，田沃則穀多，所以明朝大科學家徐光啟說：「田附廓多肥饒，以糞多故。村落中民居稠密處亦然」。可是城鎮肥源分散，且距離稻田較遠，要把城鎮人糞肥送到田間，還需要做好兩方面的工作：一是收集保存，二是運送下鄉。

早在南宋時，杭州就已有專人收集和運送城市人糞。當時人吳自牧說杭州「戶口繁夥，街巷小民之家，多無坑廁，只用馬桶，每日自有出糞人瀽去，謂之『傾腳頭』。各有主顧，不敢侵奪。或有侵奪，糞主必與之爭，甚者經府大訟，勝而後已」。吳氏還說：「更有載垃圾糞土之船，成群搬運而去」。到了明清，城鎮人糞肥的收集、運輸工作有很大改進。前面提到的小說《掘新坑慳鬼成財主》說：在收集方面，不僅有「挑糞擔的，每日替人家婦女倒馬桶，再不有半點憎嫌，只恨那馬桶裏少貨」，而且城中「道旁都有糞坑」（即公共廁所）。明朝有一本專門講江南農業經營有名著作《沈氏農書》說這種糞窖往往租給鄉下富農，被後者視為「根本之事」。租廁所以獲得糞肥成為一種常見現象，所以在現存徽州文書中，就有廁所租約，如乾隆三十八年（1773）徽州人萬富租得廁所一個，

每年交租錢一百四十文。此外，清代中葉蘇州還備有專船，「挨河收糞」，效果很好，因此學者包世臣建議南京亦仿效之，將所收之糞賣予農民。在運輸方面，有專業的糞船（糞舡）運糞下鄉，《掘新坑慳鬼成財主》說「糞舡上的人，飲食坐臥，朝夕不離，還唱山歌兒作樂」。這種專業糞船在運載糞肥時有一定之規，以免裝載過壩遭受損失。明清江南城鎮分佈廣，水路運輸方便，因此徐光啟說江南「凡通水處多肥饒，以糞壅便故」。

人糞收集起來後，還需要加工，否則會影響肥力，正如農史學家陳恆力所言：「比如同是一堆豬糞，管理得法，其效力就大，不得法，其效力就小，甚至全無。」不僅如此，人糞直接施用還會傷害莊稼。宋代陳旉已指出這樣會「甕腐芽蘗」；元代王禎也說：「若騾用生糞及布糞太多，糞力峻熱，即殺傷物」。清代奚誠則說：「人糞雖肥而性熱，多用害稼，暴糞尤酷」。只有腐熟後施用，才能避免峻熱傷苗之弊。

在宋代江南，人糞大多是直接施用。到了元代，農民已普遍使用腐熟的方法，「於田頭置磚檻，窖熟而後用之」，但是這種自然腐熟法頗費時，通常是「水糞（即新糞）積過半年以上」，方成可以使用的「熟糞」。為了加快腐熟，而且避免暴露田間喪失養分，明代江南開始使用「蒸糞法」。此法據是在冬天地氣回暖時挖深潭聚糞，封閉漚熟；或在空地建茅房，凡糞尿、灰土、垃圾、糠粃、藁稈、落葉皆可堆積其中，以土覆蓋，關閉門戶，使之在屋內發熱腐熟。所得熟糞，又稱「蒸糞」。明末江南農民還通用一種人糞加工法，即「於白露前，日中鋤連泥草根，曬乾成堆，用穰草起火，將草根煨過。約用濃糞撓和，加河泥，復堆起，頂上作窩，如井口。

秋冬間，將濃糞再灌三次」，所得的「糞灰泥」，用作油菜基肥。到了清代中葉，蘇州人潘曾沂和奚誠又分別創造出「煨糞法」和「窖糞法」，以加速人糞腐熟並增加養分。「煨糞法」是「先用濃糞拌泥，築一土堆，空了這當中，放柴草在內爐燒，燒得四周都有熱氣，便住」。經過這種「拌泥燒用，以解熱毒」，即可施用。「窖糞法」則是「於秋冬農隙時，深掘大坑，投入樹葉、亂草、糠秕等物，用火煨過，乘熱倒下糞穢、垃圾，以河泥封面，謂之窖糞。來春用此墊底下種，則（棉）花、（水）稻之精神，都在蕊穗之上」。此外，奚誠還提出另一種方法，即「如窖糞不及備而用熱糞者，其法將柴草、礱糠作堆，用火煨過半，以稠糞拌泥覆之，令其中外蒸透，以解鬱毒而滋生發也」。此外，據斯丹東目擊，在浙江舟山一帶，「他們所施的肥料不是獸糞，而是一種更難聞的東西。英國田地裏不大使用這種東西。這種肥料是用一個大缸埋在地下盛着的，裏面還盛着性質相同的液體肥料。在播種之前先將這種肥料加在土地裏，據說可以幫助生長，也可以防止蟲害」。在浙江另外地方，農民購買了糞塊之後，「不成塊使用它。他們首先造一個大池子存放這種糞塊以及其他各種糞便。他們還積存各種植物的殘根、殘梗和葉子，運河上的泥土，甚者理髮匠修剪下來的髯髮等等廢物，加上尿便或者清水使之沖淡，然後積存起來使它腐爛發酵。他們就用它作為肥料進行耕種」。他說到的前一種方法就是傳統的漚糞法，而後一種方法顯然就是上面所說的「蒸糞法」。

不論如何加工，上述方法都有一個共同缺點，即加工出來的糞肥未能克服體積大、分量重、單位肥料養分含量相對較低、使用和運輸均不便等缺點。明清江南農學家們嘗試各種方法克服這些缺

點，以圖製出濃縮的高效肥料。首先有這種想法的人是袁黃，他設計了一種「煮糞法」，即把糞便放入大鍋，加進人髮或動物骨頭，一起煮熟。然後取一些田土曬得極乾，加上用鵝黃草、黃蒿、蒼耳子燒成的灰，拌合煮熟之糞，曬極乾，又灑熟糞水再曬乾，即得高效肥料。袁氏自稱「親曾試驗，凡依法布種，則一畝可收三十石；只用熟糞而不用草灰，可收二十餘石；凡不煮糞、不用草灰，其收皆如常，不能加多」。徐光啟也說使用這種肥料「依法播種，則一畝可收三十石」，「樹雖將枯，灌之立活」。這些說法當然不免誇大，但袁氏企圖用加料煮熟的方法提取並補充養分的想法，卻值得注意。在此基礎上，徐氏又提出了一種更富於想像力的設想，即用「燒酒法」（蒸餾法）來提取人糞中養分。運用這種方法所得的蒸餾物，肥力「百倍金汁」（「金汁」指蒸煮熟的糞）。他還提出另一法，即「鍋煮法」：用三四個缸砌成連灶，缸內放入「真糞」，蓋好，燒數沸，並不時攪拌，所得物肥效也很高。徐氏另外還在前人「糞丹」法基礎上，設計了一種高效混合肥料，即用人糞、畜糞、禽糞、麻渣、豆餅、黑豆、動物屍體及內臟、毛血等，再加入藥物如黑石凡、砒信、硫磺等，一同混合，收入土坑或大缸裏密封，腐熟後取出晾乾、敲碎施用，「每一斗，可當大糞十石」。當然真實情況是否如此尚待研究，但這種「糞丹」內含多種成分，肯定會有相當的肥效和殺蟲作用。這些構想雖未為生產實踐所採納，但作為當時人們努力探求肥料製作新技術的努力，是非常可貴的。

正是江南農民在人糞和其他肥料的收集、加工和使用方面的努力，才使得江南成為富甲天下的錦繡河山，當然也成為國家賦稅的主要來源地。嘉靖時，禮部尚書顧鼎臣說：「蘇、松、常、鎮、

嘉、湖、杭七府，財賦甲天下」。康熙初年的江蘇巡撫韓世琦則說：「財賦之重，首稱江南，而江南之中，惟蘇、松為最」。他們所言絕非危言聳聽，而是確鑿不移的事實。通計在明代，江南田地僅佔全國6%，而稅糧卻佔全國五分之一以上。其中江南的蘇州、松江、常州、嘉興、湖州五個府，還特別要運送十七萬四千餘石號稱「天庭玉粒」的白糧到北京供宮廷和高官享用。另外，漕糧運到北京，耗米、過江費、承運費及徵收運輸途中的抑勒等各種附加費，往往數倍於正糧，「有二三石納一石者，有四五石納一石者，有遇風波盜賊者」。蘇州府額糧二百七十萬餘石，「加徵至八百萬石」。江南其他地方情況也大體如是，所以明朝正德時松江人顧清感慨地說：「是正稅一石，而徵八石有奇，從古及今，未聞有此制也」。

馬克思說：「賦稅是官僚、軍隊、教士和宮廷的生活源泉，一句話，它是行政權力整個機構的生活源泉。強有力的政府和繁重的賦稅是同一個概念。」早在唐代中後期，王朝存亡就已命繫來自江南的稅糧了。唐德宗貞元二年（786），禁軍因缺糧，在大街上脫下頭巾大呼：「拘吾於軍而不給糧，吾罪人也！」德宗惶恐萬狀。在這危機時刻，丞相李泌上奏說，治理江南的浙西節度使韓滉運米三萬斛到了離長安已不遠的陝州（今河南三門峽市），德宗大喜，當即到東宮對太子說：「米已至陝，吾父子得生矣！」命人於坊市取酒慶祝，並將此消息通知禁軍各部，士兵都歡呼萬歲。自此以後，巨額的江南稅糧成為了歷代王朝賴以生存的基礎。

在江南，稻米是用人糞滋育出來的。而正是這些人糞滋育出來的糧食，養活了端居禁中的至尊天子和住在京城的天潢貴冑、王

公貴族、文武百官，養活了拱衛京師和捍衛邊疆的百萬貔貅之士。而正是這些依靠江南糧食活命的人中，有少數是雄心與才具兼具者，扮演出了一幕幕威武雄壯、動人心弦的歷史劇，其中一些人更風雲際會，「李將軍遇高皇帝，萬戶侯何足道哉」，實現了「萬里覓封侯」的追求。如果沒有江南的糞土，就沒有源源不斷運到北京和各地的漕糧；而沒有漕糧，也就沒有這些威武雄壯的歷史劇，當然也不會有由這些歷史劇而湧現出的萬戶侯了。從此意義上而言，糞土確實重於萬戶侯。至於那些只靠祖宗蔭庇或者行賄跑官而得到的萬戶侯，本來就一錢不值。從在歷史上所起的作用和所具有的地位而言，這些酒囊飯袋、行屍走肉的萬戶侯，與構成支撐帝國大廈基礎的糞土相比，更是天差地別。在此意義上而言，將他們等同於糞土，還是大大抬舉了他們。

全球史視野中的中國歷史

中國的「擋風牆」
—— 東亞「佛教長城」的興起

在今天世界的宗教版圖上，佛教徒僅佔世界人口的 7%，遠遜於基督教、伊斯蘭教和印度教信徒的人數。不過，在歷史上，佛教曾經擁有非常輝煌的時光，是東亞世界中信奉人數最多的宗教，至今仍然是東亞世界的主要宗教之一。佛教在歷史上多災多難，其演變過程充滿了曲折和苦難。

佛教於公元前 6 至前 5 世紀在印度創立後，在孔雀王朝時期達到鼎盛。當時的阿育王奉佛教為國教，廣建佛塔，刻敕令和教諭於摩崖和石柱，從此遍傳南亞次大陸的很多地區。同時又派傳教士到周圍地區傳教，東至緬甸，南至錫蘭（今斯里蘭卡），西到敘利亞、埃及等地，使佛教逐漸成為世界性宗教。佛教向亞洲各地傳播，大致可分為兩條路線：南向最先傳入錫蘭，又由錫蘭傳入緬甸、泰國、柬埔寨、寮國（老撾）等國；北向經帕米爾高原傳入中國，再由中國傳入朝鮮、日本、越南等國。

在印度本土，佛教在阿育王時代之後逐漸衰落。爾後在大夏王彌蘭陀和月支王迦膩色迦的護持之下，再度盛行一時。其後又逐漸衰落。到戒日王、佛陀笈多王和嘉增王統治印度的時代，又得復興，盛極一時。到了婆羅王朝，佛教又一度大興，以後即一蹶不振。隨着印度教的興盛，佛教日益式微。到了公元 13 世紀，佛

教基本上在印度消失，但是在印度周圍地區，佛教的命運卻很不相同。

佛教很早就通過錫蘭傳入東南亞地區，幾乎和婆羅門教同時。但早期佛教在大部分地區的影響力不及婆羅門和印度教，而且也是興衰起伏，命途多舛。

錫蘭是佛教傳播的重要基地。阿育王曾派他的兒子摩哂陀去錫蘭傳授佛教。公元前 1 世紀，錫蘭出現了兩個佛教派別：大寺派和無畏山寺派。大寺派被認為是南傳佛教的正統派。緬甸、柬埔寨、寮國等國的佛教都承受錫蘭大寺派的法統。

錫蘭雖是南傳佛教的起源地，但是到了 11 世紀初，南印度的朱羅人侵入，統治錫蘭達 53 年之久。朱羅統治者大力提倡婆羅門教，打壓佛教。到了錫蘭的毗舍取婆訶一世（Vijayabahu I）復國時，佛教已經衰微。毗舍取婆訶一世遣使緬甸，邀請緬甸孟族僧團至斯國弘揚佛法及傳授比丘戒法。到了 12 世紀下半葉，波洛羅摩婆訶一世（Parakramabahu I）協助佛教推行改革，促使大寺、無畏山寺、祇園寺三派團結，雖未能完全達成，但從此大寺派勢力日盛。在波洛羅摩婆訶及其繼承人治下，佛教極為繁盛，吸引很多東南亞比丘至錫蘭受戒及求學，使錫蘭大寺派傳到緬甸和泰國等地。後來錫蘭佛教再度衰微，又從緬甸和泰國引進教團。

在中南半島，公元 2 世紀時已有小乘佛教出現於今泰國南部地區。到了 5 世紀，佛教在緬甸中部舊勃朗（Old Prome）也已存在。從公元 6 至 11 世紀，孟族人建立在包括今日泰國及下緬甸的大部分的墮羅缽底國（Dvaravati），並接受了小乘佛教。爾後通過與孟族人的接觸，小乘佛教也傳入了中南半島上的一些國家和地區。

約在公元 4、5 世紀，佛教由錫蘭傳入緬甸。在此之前已有婆羅門教傳入，稍後佛教才由孟加拉、奧里薩等地傳入。最初傳入緬甸的佛教是上座部佛教，10 世紀以後，大乘佛教及密教也陸續傳入。1044 年，阿奴律陀（梵文 Anawrahta，巴利文 Anuruddha）統一全國，建都蒲甘，建立緬甸最早的統一王朝 —— 蒲甘王朝（1044–1287）。他奉大寺派佛教為國教，在蒲甘修建了瑞德宮佛塔，歷經兩代才完工。1057 年，蒲甘王朝征服了打端，請回比丘、三藏聖典、佛舍利、寶物等，又由高僧阿羅漢（Arhan）領導改革僧團，虔誠信仰上座部佛教，而原先的大乘佛教、密教、婆羅門教逐漸消失。在蒲甘佛教的全盛時期，上緬甸共有一萬三千多座塔與僧院。12 世紀時，緬甸的僧團分裂為錫蘭宗派與原有的緬甸宗派。錫蘭宗派不久更分為尸婆利、多摩陵陀、阿難陀等三個僧團。雖然分裂，但各派仍極力弘揚佛法，所以佛教仍十分興盛。錫蘭國王毘舍耶婆訶一世曾遣使到緬甸，求賜三藏，請派僧團，一時緬甸成為南傳佛教的中心，而以後歷代王朝都保護佛教。

　　佛教在 5、6 世紀時傳入扶南（今柬埔寨）。6 世紀扶南改稱真臘，宗教信仰為大小乘佛教和印度教同時存在，這明顯地反映在宗教儀式和 9 至 12 世紀吳哥城的許多宮殿建築上。達朗因陀羅跋摩二世（Dharanindravarman II）傾向於大乘佛教，轉變了王室的宗教信仰。1181 年，闍耶跋摩七世（Jayavarman VII）被擁立為王，為吳哥王朝最強盛時代。闍耶跋摩七世在位 40 年，是一位虔誠的佛教徒，而他的兩位王妃也都是熱心的佛教徒。他極力建築佛寺，使大乘佛教普及盛行，佛教獲得迅速的發展。闍耶跋摩七世在約 1219 年去世，死後諡號「偉大和最高的佛教徒」。在他的統治下，

婆羅門教並未受到歧視，但婆羅門教僧侶依然在宮廷任職。中國旅行家周達觀一行在 1296 年抵達真臘，停留大約 11 個月，寫了《真臘風土記》一書，是今天研究柬埔寨中古史最珍貴的資料。從這本書的記載可以看到，當時柬埔寨的宗教以婆羅門教及佛教為主，當中佛教更深入民間農村，而且佛教可能已從大乘佛教信仰轉變為南傳佛教信仰。

佛教傳入泰國過程頗為曲折。8 世紀時，南洋群島的室利佛逝（也稱為三佛齊）王朝國勢強盛，信仰大乘佛教，佛教僧侶越海傳教至今馬來亞、泰國南部、柬埔寨等地。9 至 12 世紀，柬埔寨的安哥王朝（又稱吳哥王朝）興盛，信仰婆羅門教及大乘佛教，勢力伸展至泰境的羅斛、素可泰、披邁等地。到了 1044 年，緬甸蒲甘王朝興起，熱心推行上座部佛教。泰族人在泰境北方建立蘭納和蘭滄兩個小國，因受蒲甘佛教的影響，信仰上座部佛教。後來蘭滄一系向泰境東北發展，就成了以後的寮國。素可泰王朝（1257–1436）建立後，大力提倡弘揚錫蘭佛教。特別是第三代蘭甘亨大帝（Ramkhamhaeng），致力於與錫蘭通好，選派比丘前往錫蘭求戒和學習，回國後成立僧團，精研三藏。在他的大力推動下，上座部佛教在泰國取得統治地位。

在寮國，明確記載有佛教信仰是在 14 世紀後期法昂王創建南掌國之後。法昂王幼年曾追隨父親流亡高棉，受到摩訶波沙曼多長老教養。他的王后是高棉王之女，是虔誠的佛教徒，法昂王受她影響，於是恭請高僧、鑄造佛像、建立波沙曼寺，普通民眾也逐漸轉信佛教。

在南洋群島，佛教從公元 5 世紀起開始傳入蘇門答臘、爪哇、巴厘等地。據中國高僧義淨的記述，7 世紀中葉，今印尼諸島上小乘佛教盛行，以後諸王朝都信仰大乘佛教與印度教，直至 15 世紀。

簡單來説，在 15 世紀之前，佛教雖然已經傳到東南亞上千年，但是並未取得實質性的進展，只限於少數地區，既沒有像婆羅門或印度教那樣成為上層社會普遍接受的宗教，在普通大眾中又沒有廣泛的基礎，所以常常興衰不一，許多時候只是婆羅門或印度教的附庸。

在北面，佛教的傳播順利得多，也成功得多。公元前 3 世紀，在阿育王的大力弘揚下，佛教從印度北部傳播到犍陀羅和喀什米爾。二百年以後，佛教從犍陀羅傳入大夏，從喀什米爾傳入于闐，同時也從喀什米爾傳到吉爾吉特，從印度北部傳到今巴基斯坦的南部，並穿過伊朗東部傳到安息。公元 1 世紀時，佛教從大夏向東傳到粟特，並沿着塔里木盆地南緣進一步傳播，傳到喀什、樓蘭。2 世紀時，佛教勢力達到塔里木盆地北緣，傳到庫車和吐魯番。在西面，佛教於公元 1 世紀傳到了中亞大國貴霜帝國（Kushan Empire），並迅速傳播。貴霜在其鼎盛時期（105–250），疆域從今日的塔吉克綿延至裏海、阿富汗及恆河流域，在國王迦膩色伽一世（Kanishka I）和其承繼者統治之下達至鼎盛，被認為是與漢朝、羅馬、安息並列的亞歐四大強國之一。迦膩色伽一世大力弘揚佛教，修建了富樓沙的大講經堂，把脅尊者、世友、眾護、馬鳴等一批出色的佛教學者招到自己身邊，並在脅尊者的提議下召開了佛教高僧大會，重新解釋了經、律、論三藏。貴霜帝國一時成為了佛教中

心。由於貴霜帝國國土廣大，又是扼絲綢之路的要衝，與中國有密切商業來往，佛教也由此傳入中國。

之後，佛教也被中亞和北亞突厥語系諸民族接受。他們建立的柔然汗國，從 5 世紀初起，統治着以蒙古為中心、從庫車到朝鮮邊境的遼闊地域。柔然人信仰一種于闐式和吐火羅式混合的佛教。公元 551 年，柔然汗國被其統治的突厥人推翻。新建立的突厥汗國很快又分裂成東、西兩部分。東突厥汗國統治着蒙古，信奉當地的柔然佛教，並添加了漢文化的元素。西突厥汗國則信奉中亞的佛教。在西突厥汗國，佛教十分興盛。唐代高僧玄奘法師西行路過此地，描述了西突厥統治下的喀什和大夏佛教寺院的興旺情況。在喀什，寺院成百，僧侶數萬；在大夏（Baktria）更有過之而無不及。大夏最大的寺院是位於該國主要城市巴里黑的納縛僧伽藍。該寺院是整個中亞的佛學高級研修中心，在大夏和安息（Ashkâniân）都有其附屬的寺院，與于闐的關係尤為特殊，向于闐派出眾多僧侶。

于闐先前信奉小乘佛教，5 世紀始傳大乘佛教，在 5 至 8 世紀期間成為佛教文化的一大中心，對於佛教的東傳影響頗大。高僧法顯法師於東晉隆安五年（401）到了于闐，見這裏的人民盡都信奉佛教，有僧眾數萬人，多學大乘。到了唐代，玄奘法師來到于闐，也說此國人知禮儀，崇尚佛法，伽藍百餘所，僧徒五千餘人，都研習大乘佛教。位於吐魯番地區的高昌也是一個佛教重鎮。9 世紀中葉回鶻（即回紇）西遷，有一支進入吐魯番地區，建立了高昌回鶻國。這些回鶻人原來信仰摩尼教，到了這裏後與當地居民融合，改信當地流行已久的佛教，創造了優秀的高昌回鶻佛教文化，歷經數百年而未衰。高昌、龜茲和于闐並稱中國西域三大佛教重鎮。

因此在很長的一個歷史時期中，佛教是中亞地區最重要的宗教，特別是在大夏、喀什米爾和塔里木盆地。在犍陀羅和蒙古地區，佛教也受到歡迎，但尚未植根於普通民眾之中，而在吐蕃地區則只是剛被引進。在中亞、吐蕃這些地區，佛教並不是唯一的宗教，除了佛教外，還有祆教（瑣羅亞斯德教）、印度教、聶斯脱里派基督教、猶太教、摩尼教、薩滿教及其他土生土長的的信仰體系，各種宗教信仰大體上都和平共處。

佛教也從印度向北傳入西藏。佛教未傳入前，西藏居民信奉苯教（又稱苯波教，俗稱黑教），是植根於西藏的一種巫教。公元4世紀中葉藏王拉托托日年贊時期，西藏開始出現佛教。到了791年，藏王赤松德贊正式宣佈佛教為國教，禁止苯教流傳。不過，到了9世紀中葉，佛教受到嚴重打擊。836年，信奉苯教的貴族發動政變，刺殺赤祖德贊，擁立其兄朗達磨為王，朗達磨在位期間展開了大規模的滅佛運動，封閉佛寺、塗抹壁畫、焚燒經典、迫害僧侶。這次滅佛行動給西藏佛教帶來嚴重的打擊，史稱「朗達磨法難」，成為西藏佛教史中的「黑暗時代」，也結束了西藏佛教的「前弘期」。到了978年，佛教重新傳入西藏，進入了西藏佛教的後弘期。自此以後，佛教在西藏的統治地位確定了。與此同時，佛教在印度屢遭變亂，特別是1203年穆斯林入侵時，印度佛教各大寺廟都被毀壞，很多印度佛教學者紛紛前往西藏取經，可見西藏已成為佛教的新中心。元朝建立後，佛教（尤其是藏傳佛教）獲得了朝廷的尊重，薩迦派法師八思巴被忽必烈奉為國師（後升為帝師），賜玉印，任中原法王，命統天下佛教，並兼任總制院（後改名為宣政院）使來管理吐蕃事務。這標誌着佛教在西藏已經成為主要宗教。

如我在下面一篇文章中所說，到了 15 至 17 世紀，伊斯蘭教的第二次東擴浪潮席捲了東亞世界的西部和南部地區。這一歷史事件改變了東亞世界的文化版圖。如果不是出現另外一個變化的話，中國乃至東亞世界東部地區的歷史很可能就會是另外一個樣子。這個變化就是佛教的復興，或者用約翰・麥克尼爾（John McNeil）的話來說，就是「在 16、17 世紀，佛教也經歷了有限的擴張的過程」。這個復興（或者有限的擴張），也分為南北兩部分。

早在公元 7 世紀的印度，隨着印度教的復興，佛教修行者吸收了印度教的一些修行方式（例如念咒語，比手印等簡單而易學的方式），形成了密宗。密宗的教義也略有改變，自認比大小乘佛學更進步，自稱真言乘。這是印度佛教的最後一種重要形態。

密宗興起後，很快進入了西藏。在 8 世紀，藏王赤松德贊把密宗上師洛本貝瑪從印度請到西藏來。洛本貝瑪後來被尊為蓮花生大士，成了西藏佛教的開宗教主，其宗派為寧瑪派，由於該派的僧人都戴紅色僧帽，所以也被稱為紅教。到了 11 世紀，密勒日巴大師創建了一個新的宗派——噶瑪噶舉派，被稱為白教，成為勢力最強、影響最大的一個派別，也是藏傳佛教中第一個採取活佛轉世制度的宗派。到了 14 世紀，宗喀巴大師發起了宗教改革，認為先前的作法有失佛教宗旨，生活易於胡作亂為。於是他建立新宗派——格魯派，即黃教。他強調戒律，提倡苦行，不娶妻、禁飲酒、戒殺生；在教義上必先學習顯宗，尤其是大乘各法，然後才能進入密宗的學習。由於宗喀巴的改革，西藏密宗發展成為最重要的藏傳佛教皇派。今天所說的藏傳佛教，主要就是指這個教派。

明朝永樂五年（1407），明成祖冊封噶瑪噶舉派第五世法王得銀協巴（哈立麻）為大寶法王。噶舉派勢力逐漸抬頭，大寶法王這個封號至今一直被噶瑪噶舉派歷代法王所專用。1415年，藏王根敦朱巴拜宗喀巴為師。1419年宗喀巴圓寂，1474年藏王根敦朱巴圓寂。他圓寂後，西藏要找新的繼承人，採取了尋找轉世靈童的方式。於是藏王根敦朱巴成了達賴一世，新藏王成了達賴二世。因此黃教在西藏的地位日益提高。

蒙古人先前信奉薩滿教，到成吉思汗統一蒙古諸部建立蒙古汗國時，薩滿教發展到興盛的頂峰。忽必烈統一中國建立元朝後，藏傳佛教進入蒙古宮廷，從忽必烈的個人信仰，很快變成蒙古王室的共同信仰。1260年，忽必烈當了蒙古大汗，封八思巴為國師。1264年，忽必烈遷都北京，設置總制院管轄全國佛教和藏族地區事務，任命八思巴以國師身份兼管總制院，八思巴成為元朝中央政府的高級官員。

然而佛教傳入蒙古後，廣大蒙古百姓並沒有皈依佛門。佛教在普通蒙古人的宗教生活中影響有限，他們主要還是遵循當地習俗與薩滿規範。元朝覆亡，蒙古汗廷北撤塞外後，在蒙古民間具有深厚傳統的薩滿教復興，佛教一度在蒙古社會中銷聲匿跡。到了16世紀後期，經過宗喀巴改革過的藏傳佛教格魯派再度傳入蒙古，開始了第二次弘傳。在這次弘傳中，有兩個人起了關鍵性作用，即庫圖克台徹辰洪台吉和俺答汗。庫圖克台徹辰洪台吉是成吉思汗第十九代孫，也是俺答汗的姪孫。明嘉靖四十五年（1566），庫圖克台徹辰洪台吉率兵遠征土伯特，在錫里木濟之三河交匯地方，派使者致信於藏族宗教首領，說：「你們要是歸降於我，我們就共同信仰你

們的宗教，不然的話，我就加兵於你們。」藏族宗教首領歸降他後，他把其中三位帶回蒙古，並奉他們為師，學習藏、漢文佛經，在藏族宗師的教習下，他掌握了藏文，成為了通曉蒙古、畏兀兒、藏、漢多種文字的人才。他與俺答汗關係密切，多次勸說俺答汗接受藏傳佛教。因此清初成書的《蒙古源流》說庫圖克台徹辰洪台吉是第一位信仰藏傳佛教的蒙古王族。

俺答汗，亦稱阿勒坦汗、索多汗，皈依藏傳佛教後又稱格根汗，明朝人稱他為阿不孩、俺灘、諳達等。他是蒙古土特部首領，皈依藏傳佛教後，在他的影響下，蒙古各部汗王相繼皈依藏傳佛教，促使藏傳佛教再次傳入蒙古地區。萬曆六年（1578），俺答汗以高規格禮節與索南嘉措在青海湖畔察卜齊雅勒會晤，史稱「仰華寺會晤」。俺答汗親自主持了這次會晤，蒙、藏、維、漢等各族十萬多人與會。在會見儀式上，庫圖克台徹辰洪台吉代表蒙古向索南嘉措一行發表了熱情洋溢的歡迎辭，並在大會上接受了索南嘉措給予的封號。宴會上，俺答汗燒毀其供養的「翁袞」像，從此取締了蒙古人長期信仰的「翁袞」偶像。他還下令在蒙古地區傳播藏傳佛教格魯派、修建召廟、翻譯佛經、頒行戒律、禁止薩滿教、取締殉葬制度，採取行政手段禁絕薩滿教，使得薩滿教急劇衰落。到了萬曆八年（1580），俺答汗病重彌留之際，土默特部分貴族對藏傳佛教產生了懷疑，甚至要毀經滅教。庫圖克台徹辰洪台吉得到消息後，從鄂爾多斯趕來，協助俺答汗把諸首領和官員召集起來，給他們講述經教的好處，制定法規，讓他們發誓遵守法規，不毀經滅教。在庫圖克台徹辰洪台吉的大力協助下，這場風波最終得以平息。到了 17 世紀中期，大漠南北的大部分蒙古人已信仰藏傳佛教。

俺答汗接受藏傳佛教的決定，對中國意義非常重大。如果俺答汗像原窩闊台汗國和察合台汗國蒙古人那樣接受了伊斯蘭教，伊斯蘭教的東進就如虎添翼，變得勢不可擋。在此情況下，中國是否能夠逃避印度的命運，就很難說了。

在南方，佛教也取得了重大進展。

緬甸蒲甘王朝沒落後，政權轉移到北方的撣族人手中，此後緬甸陷於分裂達二百餘年。不論北方的阿瓦王朝，還是南方的庇古王朝，都重視弘揚佛教。可是由於孟族僧團和錫蘭系僧團互相對立，影響了佛教在緬甸的傳播。到了達磨悉提王（Dhammazedi）當政時，進行佛教改革，選派僧眾至錫蘭在大寺重受比丘戒，回國後依錫蘭大寺制度，規定比丘重新受戒，不合格的命令捨戒還俗，至此緬甸三百多年僧團的分裂，重歸統一。到了 16 世紀，東吁王朝（1531–1752）興起，成為東南亞強國，佛教也得到更大發展。

在今日的泰國地區，在大城王朝以前處於墮羅缽底、室利佛逝、羅斛國的勢力範圍之內。墮羅缽底人民信仰的是最早傳入的小乘上座部佛教；室利佛逝因受到爪哇的勢力影響，人民大多信仰大乘佛教，但也有少數人信仰原有上座部佛教和婆羅門教；羅斛國則信奉印度教，並採用佛教禮儀中的一些習俗。1350 年，拉瑪鐵波底（烏通王）建立大城王朝後，進行了佛教改革，派遣使節到錫蘭迎來僧人，整頓僧伽組織。自此，大城王朝（1350–1766）、吞武里王朝（1767–1783）、曼谷王朝（1782 年至今）都以南傳上座部佛教為唯一的信仰。1408 年，鄭和第二次下西洋時，到達暹羅國。隨從馬歡在《瀛涯勝覽》中說：暹羅國「崇信釋教，國人為僧為尼者極多，僧尼服色與中國頗同，亦住庵觀，持齋受戒」。14 世紀中

葉後，柬埔寨成為泰國的屬國，上座部佛教隨之傳入。以後，寮國又從柬埔寨傳入上座部佛教。

由於緬甸和暹羅是中南半島上的強國，在它們的擴張中，佛教也得到發展，形成了中南半島的佛教文化圈，從而在中國的南方遏制了伊斯蘭教的東進。

這樣，從蒙古、新疆北部、青藏高原到中南半島的緬甸、暹羅、柬埔寨和寮國，佛教取得了支配性地位，形成了一道環繞中國西、北、南三面的「佛教長城」。這道「長城」遏制住了伊斯蘭教的東擴，從而使得中國避免了印度的命運，也使得日本、朝鮮和越南避免了南洋群島的命運。因此對於中國及東亞世界東部地區來說，這道「佛教長城」的出現，具有非常重大意義。

絲綢之路的終結
——歷史被忽視的一面

　　橫亙歐亞大陸的絲綢之路在世界文明史上扮演着非常重要的角色，今天更成了國人關注的焦點。然而人們在熱情談論這條絲綢之路的輝煌歷史時，卻很少問它是否真的可以稱為「洲際商貿大通道」，或者稱為「和平友誼之路」。

　　在近代以前的歷史上，這條絲路曾經是世界上路程最遠、為時最長、同時意義也最重要的國際商道。早在兩千年前，羅馬地理博物學家老普林尼（Gaius Plinius Secundus）說道：「遙遠的東方絲國在森林中收穫絲製品，經過浸泡等程序的加工，出口到羅馬，使得羅馬開始崇尚絲製衣服」。他還說：「保守估計，印度、塞雷斯（中國）和阿拉伯半島每年可以通過貿易從羅馬帝國賺取一億銀幣（sesterces）的利潤，這便是我們羅馬帝國的婦女每年用作購買奢侈品的花費」。雖然他說的貿易數字無從證實，但這段話也表明：早在公元之初，絲綢之路已把歐亞大陸兩端的漢帝國和羅馬帝國以及中間的印度聯繫了起來。

　　然而，絲綢之路的經濟意義不宜誇大。

　　首先，交通運輸方面，這條絲路是一條極盡艱難險阻的路程。它在歷史上經歷了不少變化。在漢代，它東起中國的首都長安，經中亞、西亞、東歐，最終到達羅馬帝國首都羅馬城。到了唐代以

後，絲綢之路覆蓋範圍擴大，西起地中海東岸與黑海沿岸港口城市（例如亞歷山大港、大馬士革、阿勒頗、君士坦丁堡等），經過裏海南部進入亞洲，穿過巴格達，分為幾條支路穿過內陸地區，再匯集於鹹海附近，然後在中亞的布哈拉開始分路前往印度的德里與阿格拉。經過布哈拉，到達帕米爾北部的撒馬爾罕後，絲綢之路再次出現分支：往北通向阿拉木圖，往東穿越中亞，並沿崑崙山脈或天山山脈行進抵達西安。

　　無論是哪一條絲綢之路，一路上盡是高山、大漠、草原、荒野，大多數地方人煙稀少，許多地方甚至人跡罕至。唐代玄奘法師沿着絲綢之路西行，行至莫賀延磧，「長八百餘里，古曰沙河，上無飛鳥下無走獸，復無水草」，「唯望骨聚馬糞等漸進」，「四顧茫然，人鳥俱絕。夜則妖魑舉火爛若繁星，晝則驚風擁沙散如時雨。雖遇如是，心無所懼，但苦水盡渴不能前。是時四夜五日無一滴沾喉口腹乾燋。幾將殞絕不復能進」。到了梵衍那國，「在雪山中，塗路艱危倍於凌磧之地，凝雲飛雪曾不暫霽，或逢尤甚之處則平塗數丈。故宋玉稱西方之難增冰峨峨飛雪千里即此也」。又「渡一磧至凌山，即蔥嶺北隅也。其山險峭峻極於天，自開闢已來冰雪所聚，積而為凌，春夏不解，凝冱污漫與雲連屬，仰之皚然，莫覩其際。其凌峯摧落橫路側者，或高百尺，或廣數丈。由是蹊徑崎嶇，登陟艱阻。加以風雪雜飛，雖複屨重裘，不免寒戰。將欲眠食，復無燥處可停，唯知懸釜而炊，席冰而寢。七日之後方始出山。徒侶之中殭凍死者十有三四，牛馬逾甚」，旅途極盡艱難。元朝初年人周密說：「回回國所經道中，有沙磧數千里，不生草木，亦無水泉，塵沙瞇目，凡一月方能過此。每以鹽和面作大臠，置橐駝口中，仍繫其口，勿令噬嗑，使鹽面之氣沾濡，庶不致餓死。人則以

麪作餅，各貯水一檻於腰間，或牛羊渾脫皮盛水置車中。每日略食餌餅，濡之以水。或迷路水竭，太渴，則飲馬溺，或壓馬糞汁而飲之。其國人亦以為如登天之難。」馬可·孛羅行經中國新疆的羅布荒原時，從荒原的最窄處穿過，也需要一個月時間；倘若要穿過其最寬部分，則幾乎需要一年的時間。人們要過此荒原，必須要準備能夠支持一個月的食物。在穿越荒原的三十天的路程中，不是經過沙地，就是經過不毛的山峰。特別是帕米爾高原，沿高原走十二日，看不見一個居民。此處群山巍峨，看不見任何鳥雀在山頂上盤旋。因為高原上海拔高，空氣稀薄，食物也很難煮熟。直到 17 世紀初，葡萄牙傳教士鄂本篤（Bento de Góis）沿着絲綢之路從印度經中亞來中國，旅程依然非常艱險。在翻越帕米爾高原時，「由於天氣寒冷、空氣稀薄，人、馬幾乎不能呼吸，因此而致死者比比皆是，人們只有靠吃蒜、蔥或杏乾來抵禦」。他們經過了一段最惡劣的道路，在滕吉巴達克（Tengi-Badascian）山附近損失了大量財物和馬匹，在翻越撒克力斯瑪（Sacrithma）高山的時候又凍死了許多同伴。在與盜賊、火災、山嶺、風雪相爭鬥後，1603 年 11 月末這支商隊終於到達目的地——喀什噶爾的鴨兒看城。此時距鄂本篤等離開果阿東行已有一年。鄂本篤所帶的馬有六匹都死於凍餓困乏。

絲綢之路上的主要交通工具是駱駝和馬、驢，特別是被稱為「沙漠之舟」的駱駝。據馬可·孛羅在羅布荒原所見，商人們用駱駝的多，因為駱駝能載重物，而食量又小，比較合算。然而，即使是駱駝，其運載能力也十分有限。例如連接歐亞海上貿易的蘇伊士地峽，長不過一百六十餘公里，沿途是沙漠，貨物運輸只能靠駱駝。適應這裏天氣和地理情況的阿拉伯駱駝，在最佳狀況下能駄運

400磅（180公斤）重的貨物，每天最多走40英里（64公里）的路程。絲綢之路沿途的地形更為複雜，行程更為遙遠和艱苦，所以駱駝的運輸能力更受限制。他們將食物和商品裝在驢子和駱駝背上，如果這些牲畜在走完這個荒原之前就已精疲力竭，不能再使用的話，他們就把牠們殺而食之。

其次，前近代時期的世界上，各個國家（或政權）的領土往往沒有明確的邊界，因此出現許多管轄權不清的地方。不少地區在若干時期中甚至沒有國家（或政權）管治，成為政治管轄的真空地區。這種情況使得國際貿易成為高風險的事業。特別是前近代時期的商品主要是價格昂貴的奢侈品，使得從事國際貿易的商隊成為沿途盜匪垂涎的目標。因此絲綢之路上盜匪橫行，洗劫商旅，殺人劫財，乃是常情。玄奘法師西行中曾多次遇到盜匪，有一次遇到多達二千餘騎的「突厥寇賊」。另外一次與商人通行，有一日，「同侶商胡數十，貪先貿易夜中私發。前去十餘里，遇賊劫殺無一脫者。比法師等到，見其遺骸無復財產。」蒙古帝國時期治安情況有所好轉，絲路得以重現繁榮；但是從馬可・孛羅的記述來看，盜匪依然不少。像著名的商業中心忽里模子城附近就因有成群的強盜不斷襲擊搶劫商旅，所以極其危險。蒙古帝國瓦解後，中亞地區大多數時期處於混亂狀態。鄂本篤於1603年3月從印度啟程前往中國，在拉合爾隨同商隊出發去喀布爾，同行的有五百人，已有相當的自衛能力，但途中遇到盜匪，多人受重傷，鄂本篤和其他幾人逃到了樹林裏才得以脫險。因此，商人只能結成大團夥，攜帶武器，僱用衛隊，以對付小股盜匪。荷蘭人白斯拜克於1560年奉日爾曼皇帝查理五世之命，出任駐奧斯曼帝國使節。他在伊斯坦布爾見到一位旅

遊中國的土耳其麥沃拉納教派的伊斯蘭傳教士，此教士講述了他前往中國的經歷：他加入了進行絲綢之路貿易的商隊。因為路上艱難險阻，非結大隊不可，所以這個商隊規模頗大。他們一直行抵中國嘉峪關後，方才安全。

第三，絲綢之路是一條國際貿易路線。國際貿易涉及國際貿易中各國（或者地區）在經濟政策、語言、法律、風俗習慣，以及貨幣、度量衡、海關制度等方面的不同。由於這些差異，進行國際貿易有諸多困難。例如，因為貿易主體為不同國籍，資信調查很困難；因涉及進出口，易受雙邊關係、國家政策的影響；因交易金額往往較大，運輸距離較遠，履行時間較長，所以貿易風險較大；除交易雙方外，還涉及到運輸、保險、銀行、商檢、海關等部門；參與方眾多，各方之間的法律關係較為複雜。即使在今天，國際貿易也比國內貿易更困難，商業風險也更大。至於在前近代時期，情況就更為嚴峻了。由於沒有國際法和國際公約一類共同的遊戲規則，所以一旦商業糾紛出現，在大多數情況下，就只有靠糾紛發生地的統治者的意志來解決。絲綢之路上存在着形形色色的大小邦國及遊牧部落政權，用今天的眼光來看，其中許多可以說就是當時的「流氓國家」（rogue states）。它們對過路的商旅橫徵暴斂，雁過拔毛，過路商隊則不得不忍受它們的勒索。即使是那些「非流氓國家」，商隊也要向它們上貢，尋求它們在其境內經過時予以保護。更嚴重的是，這條路上的政治狀況很不穩定，正如羅伯特（Jean-Noël Robert）所說，在羅馬帝國時代，絲綢之路沿途所經之地區政治相對穩定，所以無論怎樣困難，東西方之間的道路還是通貫了近兩個

世紀。不過,公元 3 世紀以後,世界陷入一片混亂,安全得不到保證,貿易也隨之愈來愈少。

以上各種情況,都大大增加了絲綢之路貿易的成本。由於貿易成本高昂,所以絲綢之路貿易只能進行絲綢、寶石、香料、黃金等體積小、重量輕、價值昂貴的商品販運。難怪這條商路被稱為絲路,而活躍在這條絲路上的「胡商」、「番客」(特別是波斯商人)在唐代文獻中多半被描繪為慧眼識寶的人。研究內亞歷史的著名學者拉鐵摩爾(Owen Lattimore)說:「長期貿易主要是奢侈品的交換,絲(後來又有茶和瓷器)是中國的輸出品。金、玉、良馬,喀什以西的五金、葡萄乾一類的珍味,奴隸、歌女、樂工等都輸入中國。」從經濟學的角度來看,這些商品的貿易對經濟發展的意義並不大,而且非常容易受到各種非經濟因素的影響。

中亞和西亞向中國輸出的最主要貨品是馬匹。伊朗學者瑪扎海里(Ali Mazalleri)說:「中國人在與西亞的貿易中僅僅偏愛唯一的一種西方產品,即作為阿拉伯馬之先祖的波斯馬。」這種馬就是中國古書上說的汗血馬,學名阿哈爾捷金馬(拉丁名 Akhalteke)。汗血馬的皮膚較薄,奔跑時,血液在血管中流動容易被看到,另外,馬的肩部和頸部汗腺發達,馬出汗時往往先潮後濕,對於棗紅色或栗色毛的馬,出汗後局部顏色會顯得更加鮮豔,而這種馬身上的一種寄生蟲,會導致馬的皮膚上出現紅斑,給人以流血的錯覺,因此這種馬也被稱為汗血馬。司馬遷在《史記》中說,汗血馬日行千里,漢武帝時外國進獻烏孫馬,武帝見此馬神俊挺拔,便賜名「天馬」;後來又有人進貢了西域大宛的汗血馬,於是他又將烏孫馬更名為「西極馬」,而稱汗血馬為「天馬」。由於種種原因,波斯馬

不太適應中原的水土，未能在中國繁衍起來，所以以後不斷有西域良馬輸入中國的記載。直到明末崇禎十六年（1643）仍有「西域獻千里馬」的記載，這是目前發現的明朝與西域朝貢貿易的最後一次記載。不過到了明代中後期，這種以進貢方式輸入的中亞、西亞良馬的數量已經非常有限。

與此同時，中國人發現從北面的蒙古高原和中國東北地區輸入的蒙古馬，雖然不如波斯馬高大俊美，但價格便宜得多，而且更加吃苦耐勞，所以寧願購買這種價廉物美的蒙古馬。明代中亞、西亞接近中國的地區大部分處於蒙古人的統治之下，蒙古馬成為這些地區對明朝的朝貢貿易的主要內容。為蒙古統治者進行這種貿易的中亞商人就通過朝貢貿易把馬大量送到中國。15 世紀，中亞商人馬茂德侍奉瓦剌汗也先，並作為瓦剌官員在中國開展貿易活動。他幾乎每隔一年來中國一次，大約在 9 月或 10 月到達北京，度過冬季，次年春天返回蒙古高原。正統十二年（1447）他出現在大同的時候，據說率領了超過二千人的大商隊，帶來貂皮一萬二千多張、馬四千匹，用來交換中國產品。西域各國（或政權）的朝貢使團人數少則幾十人，多則三四百人；進貢的方物主要是馬，數量少則幾十、幾百匹，多則三千，甚至六千匹。

然而，中國輸入馬主要是為了軍事用途，其輸入和使用都處於國家嚴格的控制之下，對於民間經濟並無多大意義。不僅如此，明代中後期，西北方邊防線後退到了嘉峪關長城一線。借助於火器，長城防線有效地防禦了蒙古人的攻擊，不像漢、唐兩朝為了西北邊境的安全而需要建立一支強大的騎兵來對抗北方和西北的遊牧人，也不必從外地大量輸入馬匹。因此，馬匹輸入的重要性大大降低了。

更重要的是，中國與絲路沿途各國（或政權）之間的朝貢貿易是一種官方貿易，是明朝時籠絡其他國家（或政權）的一種政治手段。這種貿易完全取決於中國與有關國家（或者政權）之間的政治關係，而不是真正的商業活動。由於朝貢貿易不遵循等價交換的原則，所以也不具有現代意義上的貿易性質。明朝在朝貢貿易中實行「厚往薄來」的政策，為明朝政府帶來沉重的財政負擔。由於中國在這種朝貢貿易中實際上是賠本的，所以費正清（John Fairbank）說：「不能說中國朝廷從朝貢中獲得了利潤。回贈的皇家禮物通常比那些貢品有價值得多。在中國看來，對於這一貿易的首肯更多的是一種帝國邊界的象徵和一種使蠻夷們處於某種適當的順從狀態的手段。」正因為這樣，我們也就很容易理解為什麼今天有許多對歷史有興趣的國人抱怨說：這種朝貢貿易只是為了滿足中國皇帝的虛榮心，「花錢賺吆喝」。

明朝中後期，由於財力緊張，加上愈來愈意識到絲綢之路的貿易在經濟上得不償失，明朝政府對維護絲路貢賜的願望和能力都在日益遞減。明朝政府派遣出使西域的人數亦減少乃至沒有，雙方往來成為西域人單方面來華。從經濟學的角度來看，朝貢貿易違背了商業以牟利為目的這一根本原則，缺乏了發展的內在動力。到了隆慶初年，朝貢貿易制度也基本瓦解了。

事實上，絲綢之路上的民間商貿早就衰落了。由於路途艱難，沿着絲綢之路來做生意的各國商人經歷千辛萬苦來到中國這個富庶之鄉後，都樂不思蜀，不想再回去了。元朝人周密說：由於回回商人從中亞到中國「如登天之難」，所以「今回回皆以中原為家，江南尤多，宜乎不復回首故國也」。這些外來客商不想從原路返回

故土，中國本土商人更不願沿着這條艱辛之路去那個危險之地做生意。在這種情況下，貿易怎麼進行呢？在此情況下，中國與中亞、西亞之間的貿易也因而不可避免地走向衰亡。

造成絲綢之路貿易衰落的一個重要原因，是在中國與絲綢之路各地的貿易中存在着嚴重的不對等。中亞、西亞地區需要中國產品，而中國則基本上不需要這些地區的產品。瑪扎海里正確地指出：「中國當時與世界的其餘地方比較起來極為富裕和技術發達。中國生產和擁有一切，它絲毫不需要與胡人從事交易。18世紀末東印度公司的英國人在想到用鴉片採交納茶葉和瓷器價款之前就發現了這一事實。」明朝人很清楚這一點。明朝嘉靖初年，都御史陳九疇、御史盧問之向嘉靖皇帝提出：「番人之所利於中國者甚多」，而中國卻不僅未從中獲利，反而受害，所以要求明朝政府「閉關絕貢，永不與通」，這個建議也獲得兵部的支持。雖然明朝政府沒有採納這個建議，但是絲路的商貿地位已大不如前。隨着海上貿易的蓬勃發展，絲路貿易情況更是每況愈下。

因此，我們應當實事求是地看待絲綢之路的歷史。歷史上的絲綢之路在文化交流方面有重要意義，但在經濟上則否。到了近代，隨着大規模商貿活動的發展，這條絲路上的貿易更是已經成為過時之物。正如任何歷史上存在過的客觀事物一樣，絲綢之路也是有興必有衰，最後乃至終結。那種把絲綢之路稱為「洲際商貿大通道」、「永遠的通道」的説法，肯定是不符歷史實際的。

最後，我還要説一説，以往人們在談論絲綢之路時，往往把它描繪為充滿鮮花和歌聲的和平友誼之路。然而問題是，絲綢之路的歷史都是這樣嗎？

如前所述，絲綢之路沿途充滿各式各樣的國家和政權，政治狀況極不穩定，反覆多變。一些強勢的地區勢力（特別是遊牧政權）往往通過這條通道向外擴張，而中國往往是這種擴張的終極目標。這一點過去往往為人忽視，但的確是歷史事實。

阿拉伯人於公元 7 世紀中葉從沙漠中興起後，迅速征服了歐亞非廣大地區，建立了廣袤的阿拉伯帝國，中國史籍中稱為大食國。早在 8 世紀初，阿拉伯帝國倭馬亞王朝在東方的最高長官哈賈吉·本·優素福應許他的兩個大將 —— 穆罕默德和古太白·伊本·穆斯林，誰首先踏上中國的領土，就任命誰做中國的長官。於是前者征服了印度的邊疆地區，後者征服了塔立甘、舒曼、塔哈斯坦、布哈拉等大片中亞地區，但誰都沒能到達中國。唐朝開元三年和五年（715、717），西突厥部落突騎施聯合大食（阿拉伯帝國阿拔斯王朝）向唐朝的安西四鎮（位於今天的新疆地區）發動過兩次戰爭，均被唐軍擊退。為了消除大食的威脅，天寶十年（751）四月，唐朝安西節度使高仙芝率唐、番聯軍三萬人從安西出發，翻過蔥嶺，越過沙漠，經過了三個月的長途跋涉之後，在七月份到達了中亞名城怛羅斯（Talas，在今哈薩克的江布林城附近）城下。阿拉伯人在接到高仙芝進軍的消息之後，駐巴士拉的東方總督艾布·穆斯林立即派遣部將塞義德·本·侯梅德帶部下數千人的部隊搶先駐守怛邏斯城中，加強防守，為大軍集結贏得時間。艾布·穆斯林帶着自己的一萬人趕往撒馬爾罕構築工事準備大戰，齊雅德和另一將領艾布達·烏德·哈里德·本·伊卜拉欣·祖赫利召集河中的一萬駐屯軍迅速趕往怛羅斯城，高仙芝攻城五天不克，阿拉伯援軍趕到，從背後襲擊唐軍。配合唐軍作戰的突厥葛邏祿部兵突然逃跑，導致唐

軍戰敗，高仙芝率領殘兵數千逃回安西。此後安史之亂爆發，唐朝將安西駐軍東撤，參加平亂，於是西部防線空虛，中國本土暴露在大食兵鋒之前。幸虧此時吐蕃勃興，佔領了西域，與大食鏖戰，阻擋了大食的東侵。史學家范文瀾先生說：「這個新形勢，從長遠處看，吐蕃阻止武力傳教的大食東侵，使漢族文化免於大破壞，又為後來回紇西遷，定居在天山南北作了準備，對中國歷史是一個巨大的貢獻」。

到了明代，情況變得更加嚴峻。差不多就在明朝建立的同時，中亞興起了一個極具侵略性的遊牧政權 —— 帖木兒帝國。這個帝國的創始人是帖木兒（Tamerlane, 1335–1405），歷史上也稱為「跛子帖木兒」。他自稱是成吉思汗的嫡派後裔，並以成吉思汗的繼承人自居。帖木兒的勢力興起於中亞的河中地區，迅速成為中亞最強大的軍事力量。此人以殘暴著稱，對一切敢於抵抗的敵人進行大屠殺，並用被殺者的頭顱建立人頭金字塔，以警示他人，不得反抗。他一生都在征戰：三征花剌子模，六次或者七次征伊犁，兩征東波斯，三征西波斯，打敗了奧斯曼帝國、東歐的金帳汗國、中亞的東察合台汗國和印度德里蘇丹國等伊斯蘭強國，俘虜了奧斯曼帝國的蘇丹巴耶塞特一世（Bayezid I），並對俄羅斯發動了兩次戰爭。中亞、中東、印度的重要城市報達（今巴格達）、布魯薩、薩萊、焉耆、德里等著名城市都遭到他的洗劫。通過三十多年的征戰，他建立了從德里到大馬士革、從鹹海到波斯灣的帖木兒帝國，定都於撒馬爾罕。

帖木兒到了晚年，打算要征服中國。此時明太祖建立了明朝，於洪武十八年（1385）派使者傅安、劉偉等出使西域，來到撒馬爾

罕後，被帖木兒王朝逮捕，經過長時期的談判後才獲釋。爾後，帖木兒於洪武二十、二十五、二十七年（1387、1392、1394）三次派使者攜帶禮物到明朝，呈上了措辭謙卑的稱臣書信，以刺探明朝的虛實和麻痺明朝。洪武二十八年（1395），朱元璋派傅安攜帶一封向帖木兒表達感謝的信到撒馬爾罕，但此時帖木兒已經宣佈要征服中國，以迫使中國人皈依伊斯蘭教，並且開始在位於今哈薩克南部的訛答剌城聚集大軍。傅安尚未返回，明成祖已即位。成祖得到帖木兒準備入侵的消息，立即命令甘肅總兵宋晟進行戒備。永樂二年（1404），帖木兒興兵 20 萬遠征中國，途中突然於次年（1405 年 1月 19 日）在訛答剌城病逝，終年 71 歲。在他壯麗的藍色圓頂的陵墓內的綠玉色棺材上，寫着他的豪言：「只要我仍然活在人間，全人類都會發抖！」台灣作家柏楊在《中國人史綱》中評論此事說：「僅只比明王朝晚一年，在中亞興起的帖木兒汗國，正決心恢復蒙古帝國東方的故有版圖。1404 年，靖難之後結束第二年，帖木兒大汗從他的首都撒馬爾罕，出發東征，進攻中國。不料在中途逝世，軍事行動中止。如果帖木兒不適時的死，根據已知的資料推斷，明王朝以那殘破的力量，勢將無力抵抗。一個新的異族統治可能再現。」柏楊僅只提到「新的異族統治」，然而與以前對各種宗教都持寬容態度的成吉思汗、忽必烈汗不同，明朝現在面對的是一位狂熱的聖戰領袖，力圖用武力迫使中國人改宗伊斯蘭教。如果帖木兒的計劃成功，中國的歷史可能就是另外一個樣子了。

帖木兒帝國之後，中亞一些穆斯林統治者依然企圖染指中國西北地方。1517 年，滿速兒汗從哈密向甘肅的敦煌、肅州和甘州方向攻擊中國本土。與此同時，他的弟弟、喀什噶爾的統治者賽德汗

把聖戰引入了吐蕃人的拉達克地區。《明史》和《拉失德史》都記載了滿速兒汗對中國的戰爭，《拉失德史》並指出這是一次反異教的聖戰。在聖戰的威脅下，嘉峪關以西地區各族人民大多皈依了伊斯蘭教。

這些中國所面對的嚴重威脅都是來自絲綢之路。因此把絲綢之路想像為歌舞劇《絲路花雨》所描繪的那種鶯歌燕舞、歌舞昇平的和平友好景象，當然不符合歷史。

鑒於以上各方面的原因，到了明代中後期，明朝政府重新檢討對絲綢之路沿途地區的政策，採取更為現實的態度。為了保障西北地方的安全和絲綢之路沿途地區的秩序，明初在嘉峪關以西（今甘肅西北、青海北部及新疆東部）設立了七個羈縻衛所，稱為「關西七衛」、「西北七衛」和「蒙古七衛」（因七衛的首領都是蒙古人），作為處理這些地區事務的機構。經過多年的考量，到了嘉靖三年（1524），明朝政府將七衛全部撤入嘉峪關以內。這一行動不僅表現了明朝將邊防線收縮到其力所能及的範圍，而且也表現了明朝不願意再介入中亞地區的紛爭。晚明著名文人袁宏道在談到中國對待鄰國之間的糾紛的方針時說：「譬如鄰人自相訐訟，我乃鬻田宅、賣兒女為之佐鬥，不亦惑乎？」撤回關西七衛也體現了這種態度。撤回關西七衛的決定是明智的，因為可以使得明朝政府將有限的資源用到更加有需要的地方。這一行動標誌着在過去兩千年中時通時閉的絲綢之路，終於到了終結之時。到了清代，絲綢之路的貿易在中國的外貿中所佔地位已經無足輕重。因此可以說到了明代後期，絲綢之路已完成了其歷史使命。

必然還是偶然
——明清易代的新解讀

楔子：什麼是「天運」？

《史記‧項羽本紀》中關於項羽烏江自刎的那一段記述，做中國史的人大都耳熟能詳。司馬遷以神來之筆，描繪出了一幅「英雄末路」的畫面：「項王自度不得脫，謂其騎曰：『吾起兵至今八歲矣，身七十餘戰，所當者破，所擊者服，未嘗敗北，遂霸有天下。然今卒困於此，此天之亡我，非戰之罪也』」。項羽生性要強，至死也不肯承認自己所犯過的錯誤，將失敗的責任歸咎於「天」。什麼是古人所說的「天」呢？就是「天運」、「天命」、「天道」，用今天的話語來說，就是不可抗拒的規律或變化趨勢。

從環境史的角度來看，可以說「天」是人類賴以生存的自然環境。基於這個解釋，人類活動與自然環境變化之間的互動，就可以稱為「天人感應」。由於「天」代表了自然環境，而自然環境是不以人類劃定的國界為邊界的，所以「天」並不只是覆蓋中國。因為自然環境的變化不為人為的國界所限制，因此必須把我們所研究的歷史事件放到環境史和全球史的視野中，方能更好地了解歷史的真實。

明清易代：不可能的事情發生了

著名史家史景遷（Jonathan Spence）在當今西方最暢銷的中國歷史教科書《追尋現代中國》(*The Search for Modern China*) 中寫道：

> 1600 年的中華帝國是當時世界上所有統一國家中疆域最為廣袤，統治經驗最為豐富的國家。其版圖之遼闊無與倫比。當時的俄國剛開始其在擴張中不斷拼合壯大的歷程，印度則被蒙古人和印度人分解得支離破碎，在瘟疫和西班牙征服者的雙重蹂躪下，一度昌明的墨西哥和秘魯帝國被徹底擊垮。中國一億二千萬的人口遠遠超過所有歐洲國家人口的總和。

> 16 世紀晚期，明朝似乎進入了輝煌的頂峰。其文化藝術成就引人注目，城市與商業的繁榮別開生面，中國的印刷技術、製瓷和絲織業發展水平更使同時期的歐洲難以望其項背。

> 從京都到布拉格，從德里到巴黎，並不乏盛大的典禮和莊嚴的儀式，但是這些都城無一能夠自詡其宮殿的複雜精妙堪與北京媲美。

> （但是誰也沒有料到，明朝統治者）不到五十年就將自己的王朝斷送於暴力。

發生於 17 世紀中葉的明清易代，是世界史上一個重大事件。總兵力不到 20 萬人的清朝八旗兵，從半蠻荒的東北地區揮戈南下，在短短 20 年中橫掃東亞大陸，征服了擁有 1.2 億人口、經濟和文化都在世界上處於領先地位的明朝中國。這件不可能的事情，

確實發生了。為什麼會發生這一歷史巨變？早在明亡之時，人們就已開始思考了。李自成的解釋，是明朝大臣結黨營私，蒙蔽皇帝：「君非甚暗，孤立而煬蔽恆多；臣盡行私，比黨而公忠絕少」。到了 20 世紀後半期和 21 世紀初期，中國學者把明清易代的主要原因歸結於階級鬥爭，例如翦伯贊先生說這是因為「一方面是貪污腐化，荒淫無恥；一方面是饑寒交迫，流離死亡」。樊樹志先生則總結為：一、明末社會矛盾的激化；二、明末農民大起義與明朝的滅亡；三、明朝末年政治腐敗，社會矛盾空前激化，內憂外患紛至沓來，其滅亡是不可避免的。

有一些學者對上述解釋提出質疑，例如王家范先生說：「皇帝那邊直到臨死前還冤氣沖天，覺得是臣僚坑了他，『君非亡國之君，臣皆亡國之臣』。……寫『記憶史』的也有不少同情這種說法。另一種聲音則明裏暗地指向了崇禎皇帝，埋怨他專斷自負、隨意殺戮、喜怒無常等。總括起來，總不離導致王朝滅亡的那些陳舊老套，例如皇帝剛愎自用（或昏聵荒淫，但崇禎不屬於此），『所用非人』，特別是任用宦官，更犯大忌；官僚群醉生夢死，貪婪內鬥，『不以國事為重，不以百姓為念』，雖了無新意，卻都一一可以援事指證。……（這些說法）有沒有可質疑的餘地呢？我想是有的。這些毛病在王朝的早期、中期也都存在，不照樣可以拖它百來年，甚至長達二百年？萬曆皇帝『罷工』，二十年不上朝，經濟不是照樣『花團錦簇』，惹得一些史家稱羨不已？再說徹底些，無論是哪個王朝，農民的日子都好不到哪裏去，農民個別的、零星的反抗無時不有，但真正能撼動根本、致王朝死地的大規模農民起義，

二三百年才有一次。因此，用所謂『有壓迫必有反抗』的大道理來解釋王朝滅亡，總有『燒火棍打白果——夠不着』的味道」。

在海外，學者們也對明何以亡的問題提出了多種解釋。趙世瑜先生在《海外學者談明清為何易代》中，把這些解釋總結為以下五種：一、王朝更替的解釋模式；二、民族革命的解釋模式；三、階級革命的解釋模式；四、近代化的解釋模式；五、生態——災害史的解釋模式。這個歸納頗為完備，可以説把迄今為止所有的解釋都盡納其中了。

到了晚近，出現了一些流行的新觀點，如〈明朝覆亡真相：人口逼近二億，糧食增長空間耗盡〉、〈老鼠是壓垮明朝「稻草」？明末北京鼠疫流行〉等。不過這些網上觀點都尚未見到有人作出認真的論證。

以上各種看法，無疑都有其合理和不足不處。在本文中，我將力圖吸取這些看法中合理的部分，並將這個問題放在全球史和環境史的視野中觀察，從而得出自己的結論。

17 世紀的全球氣候變化及其影響

氣候史研究已經證實：北半球的氣候自 14 世紀開始轉寒，17 世紀達到極點。15 世紀初以後，出現過兩個溫暖時期（1550–1600 和 1720–1830）和三個寒冷時期（1470–1520、1620–1720 和 1840–1890）。大體而言，16 世紀和 18 世紀可算溫暖時期，而 17 和 19 世紀則為寒冷時期。其中又以 17 世紀為最冷，冬季平均溫度比今日要低 2℃。

對於位於北半球的中國，這個變化也表現得非常明顯。氣候史學家總結明朝中國氣候變化的基本情況如下：

明代前期（洪武元年至天順元年，1368–1457）：氣候寒冷；

明代中期（天順二年至嘉靖三十一年，1458–1552）：中國歷史上第四個小冰河期；

明代後期的前半葉（嘉靖三十六年至萬曆二十七年，1557–1599）：夏寒冬暖；

明代後期的後半葉（萬曆二十八年至崇禎十六年，1600–1643）：中國歷史上的第五個小冰河期。

這個明代後期的「小冰期」，也為東亞其他國家感受到了。朝鮮李朝人南平曹氏在《丙子日記》中對 1636 至 1640 年的氣候變化作了第一手的記錄。韓國學者朴根必和李鎬澈在《〈丙子日記〉時代的氣候與農業》中，把日記所記情況與其他資料進行綜合研究後指出：「世紀的東亞通常被稱為近代前夜的危機時代，即所謂的寒冷期（小冰河時期）」。

這一輪「小冰河期」，綜合中國各地地方志的記載，災變的前兆可追溯至明朝的嘉靖前期，萬曆十三年（1585）開始變得明顯，但時起時伏，崇禎一朝達到災變的高峰，收尾一直要拖到清朝的康熙二十六年（1667），態勢呈倒 U 形。

中國處於季風區，氣溫變化與降水變化之間有密切關係。大體而言，氣溫高，降水就多；反之則降水少。17 世紀是中國近 500 年來三次持續乾旱中最長的一次。明代初期全國水旱災害發生頻率差不多，兩種災害交替發生，全國性的旱或澇災的趨向不明顯。但

是成化以後情況有所不同。據《中國近五百年旱澇分佈圖集》提供的 1470 年以後全國 120 個觀察點的水旱記錄可以看到，明代後期全國進入一個異常乾旱的時期。

由於農業是「靠天吃飯」的產業，因此氣候變化對農業產量有巨大影響。一般而言，在北半球，年平均氣溫每增減 1℃，會使農作物的生長期增減三至四周。這個變化對農作物生長具有重大影響。例如，在氣候溫和時期，單季稻種植區可北進至黃河流域，雙季稻則可至長江兩岸；而在寒冷時期，單季稻種植區要南退至淮河流域，雙季稻則退至華南。據張家誠的研究，在今天的中國，在其他條件不變的情況下，年平均溫度變化 1℃，糧食畝產量相應變化為 10%；年平均降雨變化 100 毫米，糧食畝產量的相應變化也為 10%。在生產力發展水平低下的古代，減少的幅度要多得更多。

此外，年平均溫度的高低和年平均降雨量的多少，對冷害、水旱災和農業病蟲害的發生頻率及烈度也具有決定性的影響，從而明顯地增加或減少農業產量。

這裏需要說明的是，氣候變化對農業產量的影響，在高緯度地區表現最為明顯，而對低緯度地區的影響則相對較小。因此氣候變化對農業產量的影響，在中國北方地區更為巨大。這一點，集中表現在明末北方地區的大旱災及隨之而來的大蝗災、大瘟疫上。

在河南，據商丘秀才鄭廉寫的《豫變紀略》，崇禎三年旱；四年旱；五年大旱；六年鄭州大水，黃河冰堅如石；七年夏旱蝗；八年夏旱蝗，懷慶黃河冰；九年夏旱蝗，秋開封商丘大水；十年夏大蝗，閏四月山西大雪；十一年大旱蝗，赤地千里；十二年大旱蝗，沁水竭；十三年大旱蝗，上蔡地裂，洛陽地震，斗米千錢，人相

食；十四年二月起大饑疫，夏大蝗，飛蝗食小麥如割；十五年懷慶地震，九月開封黃河決。崇禎七年，家住河南的前兵部尚書呂維祺上書朝廷說：「蓋數年來，臣鄉無歲不苦荒，無月不苦兵，無日不苦輓輸。庚午（崇禎三年）旱；辛未旱；壬申大旱。野無青草，十室九空。於是有斗米千錢者；有採草根木葉充飢者；有夫棄其妻、父棄其子者；有自縊空林、甘填溝壑者；有鶉衣菜色而行乞者；有泥門擔簦而逃者；有骨肉相殘食者」。

在西北，情況更為可怕。崇禎元年（1628）陝西大饑荒，餓殍枕藉。延安籍官員馬懋才奉命入陝調查，見故鄉吃人的慘景，於是將沿途見聞寫成《備陳大饑疏》，說：「臣鄉延安府，自去歲一年無雨，草木枯焦。八九月間，民爭採山間蓬草而食。其粒類糠皮，其味苦而澀。食之，僅可延以不死。至十月以後而蓬盡矣，則剝樹皮而食。諸樹惟榆樹差善，雜他樹皮以為食，亦可稍緩其死。迨年終而樹皮又盡矣，則又掘山中石塊而食。其石名青葉，味腥而膩，少食輒飽，不數日則腹脹下墜而死。⋯⋯最可憫者，如安塞城西有翼城之處，每日必棄一二嬰兒於其中。有號泣者，有呼其父母者，有食其糞土者。至次晨，所棄之子已無一生，而又有棄子者矣。更可異者，童稚輩及獨行者，一出城外便無蹤影。後見門外之人，炊人骨以為薪，煮人肉以為食，始知前之人皆為其所食。而食人之人，亦不數日後面目赤腫，內發燥熱而死矣。於是死者枕藉，臭氣熏天」。

明末乾旱引起的特大蝗災，始於崇禎九年（1636），地點是陝西東部、山西南部及河南開封一帶。崇禎十年，蝗災向西擴展到關中平原，向東擴展到以徐州為中心的山東及江蘇北部，然後擴展到

南起淮河、北至河北的廣大地區。崇禎十一年，形成東西上千公里、南北 400 至 500 公里的大災區，並開始向長江流域擴散。崇禎十二年，向北擴展到陝西和陝西兩省北部，向南擴展到江漢平原。崇禎十三年，黃河、長江兩大河流的中下游和整個華北平原都成為重災區。崇禎十四年，華北蝗災開始減退，但是長江流域蝗災卻繼續發展。崇禎十五年由於氣候發生大變化，連續四年的特大蝗災結束。

氣候變化還會導致瘟疫的流行。所謂瘟疫，一般指「具有溫熱病性質的急性傳染病」。布羅岱爾（Fernand Braudel）說：「在人們彼此長期隔絕的時代，各地居民對不同的病原體各有其特殊的適應性、抵抗力和弱點。一旦相互接觸和感染，就會帶來意外的災難。」由於大規模的流民出現，瘟疫在明代後期也日益猖獗。據《明史》記載，從 1408 年到 1643 年，發生大瘟疫 19 次，其中 1641 年流行的一次瘟疫遍及河北、山東、江蘇、浙江等。當時著名醫學家吳有性在《瘟疫論・原序》就着重指出：「崇禎辛巳（1641），疫氣流行，山東、浙省、南北兩直，感者尤多。至五六月益甚，或至闔門傳染。」這裏，要特別一提明末大鼠疫。開始於崇禎六年（1633），地點是山西。崇禎十四年（1641）時傳到河北，並隨着李自成和清朝的軍隊傳到更多的地區。同年，鼠疫亦傳到北京，造成北京大批人口死亡。崇禎十六年二月，北京城中「大疫，人鬼錯雜」，「京師瘟疫大作，死亡枕藉，十室九空，甚至戶丁盡絕，無人收斂者」。至夏天和秋天，情況更甚，「人偶生一大肉隆起，數刻立死，謂之疙瘩瘟。都人患此者十四五。至春間又有嘔血病，亦半日死，或一家數人並死。」

在這些嚴重而且長期的大災荒中，原有的社會秩序崩潰了。鄭廉說在河南，「兼以流寇之所焚殺，土寇之所劫掠，而且有礦徒之煽亂，而且有防河之警擾，而且盡追數年之舊逋，而且先編三分之預征，而且連索久逋、額外拋荒之補祿。……村無吠犬，尚敲催征之門；樹有啼鵑，盡灑鞭撲之血。黃埃赤地，鄉鄉幾斷人煙；白骨青燐，夜夜似聞鬼哭。欲使窮民之不化為盜，不可得也；使奸民之不望賊而附，不可得也；欲使富之不率而貧，良之不率而奸，不可得也。」在西北，情況更為可怕。馬懋才說：在陝北，「民有不甘於食石而死者，始相聚為盜。……間有獲者亦恬不知畏，且曰：死於饑與死於盜等耳！與其坐而饑死，何若為盜而死，猶得為飽鬼也。」

即使在自然條件較好的南方，也未能逃過氣候劇變導致的災難。明末著名科技專家宋應星說：「普天之下，『民窮財盡』四字，蹙額轉相告語……其謂九邊為中國之壑，而奴虜（滿洲人）又為九邊之壑，此指白金一物而言耳。財之為言，乃通指百貨，非專言阿堵也。今天下何嘗少白金哉！所少者，田之五穀、山林之木、牆下之桑、洿池之魚耳。有饒數物者於此，白鏹黃金可以疾呼而至，腰纏篋盛而來貿者，必相踵也。今天下生齒所聚者，惟三吳、八閩，則人浮於土，土無曠荒。其他經行日中，彌望二三十里，而無寸木之陰可以休息者，舉目皆是。生人有不困，流寇有不熾者？所以至此者，蚩蚩之民何罪焉！」

如此嚴重的局面，又豈是像崇禎這樣一個「勤勉的昏君」（這裏借用新出版的一部通俗讀物的書名，呂志勇《勤勉的昏君崇禎》，華中科技大學出版社，2013 年）和腐敗的明朝官僚機構所能

應付的。因此明朝的滅亡，在很大程度上可以歸咎於氣候變化。換言之，就是「天」亡大明。

全球化：「17 世紀危機」的推手

如果我們把眼光投放到中國之外，我們會發現：在差不多的時期，類似的情況也在其他一些國家出現。例如在西歐，學者們通過對歷史上太陽觀測記錄、中英格蘭氣溫、捷克地溫、阿爾卑斯山冰川、大氣碳 14 含量、樹輪、冰芯等的研究指出，近代早期西方社會曾經歷了「小冰期」，其最冷時段在 17 世紀。「小冰期」的平均溫度一般要比正常時期低 1 至 2℃。氣候變冷對西歐農業產生了災難性影響，導致了農業產量下降、歉收和災荒頻發，導致糧食短缺，大量流民由此產生，整個社會更呈現出普遍貧困化：英國直至 17 世紀末窮人佔了一半，其中一半處於極度貧困；法國九分之五的人生活在貧困中；德國科隆每五萬人中就有二萬人是乞丐。在一些地區，這種情緒常常演變為絕望農民的起義和暴動，如 1647 年 7 月意大利那不勒斯由於食物短缺等原因引發了嚴重的民眾起義。在法國普羅旺斯，1596 至 1635 年間發生了 108 次民眾起義，1635 至 1660 年更多達 156 次，1661 至 1715 年則達 110 次。在這樣一個僅有 60 萬人的社會，一個多世紀的時間裏就有 374 次的起義之多，確實令人震驚，以致馬克・布洛赫（Marc Bloch）指出，近代早期歐洲的農民起義就像工業時代的罷工一樣普遍。

不僅如此，在這個時期，同東亞一樣，歐洲也發生了劇烈的政治、軍事衝突。在東亞，朝鮮在 16 世紀末和 17 世紀前半期由於氣溫變冷及隨後的連年水旱災，導致經濟凋敝，又經歷了 1592 至

1598 年的日本入侵，1624 年初又發生內戰，接着又是 1627 年和 1636 年的後金入侵，整個社會經濟遭到巨大破壞。日本在 17 世紀前半期也出現了嚴重的經濟衰退，出現了「寬永大饑荒」。在 1640 年代，日本的食物價格上漲到空前的水平，許多百姓被迫賣掉農具、牲畜、土地甚至家人，以求生路，另有一些人則盡棄財物，逃至他鄉。多數人生活在悲苦的絕望之中。經濟衰退導致了社會動盪，爆發了日本有史以來最重要的一次起義，即島原大起義（亦稱「天主教徒起義」）。德川幕府費盡周折，使用了駭人聽聞的殘忍手段才將起義鎮壓下去。

更有意義的是中國與歐洲的比較。中國在 16 世紀末和 17 世紀前半期，爆發了四場大規模的戰爭：中緬邊境戰爭（1576–1606）、中日朝鮮戰爭（1592–1598）、明清遼東戰爭（1616–1644）和中荷台海戰爭（1661–1662）。也正是在這個時期，遙遠的歐洲也爆發了 17 世紀最大的戰爭 —— 天主教國家聯盟和新教國家聯盟之間的「三十年戰爭」（1618–1648）。從戰爭的規模來說，這些戰爭都屬於當時世界上最大的戰爭。在中國，空前規模的內戰（即明末農民起義）爆發於 1627 年，導致了 1644 年崇禎皇帝的死亡。而在遙遠的英國，前所未有的大規模內戰也爆發於 1642 年，導致了 1649 年英王查理一世的死亡。這些難道是巧合嗎？當然不是。那麼，造成這種情況的幕後推手是什麼呢？應當說，就是全球性氣候劇變。

這個氣候變化導致的危機也表現在世界其他地方。全球史學家派克（Geoffrey Parker）在其《全球危機：十七世紀的戰爭、氣候變化與大災難》（*Global Crisis: War, Climate Change and Catastrophe in the Seventeenth Century*）中，對這個全球性危機進行了綜合性的

研究。他使用世界各地民眾回憶記述的有關 1618 至 1680 年經濟社會危機的第一手資料，同時運用科學方法來證明當時的氣候變化狀況，指出在 17 世紀中期，革命、旱災、饑荒、侵略、戰爭、弒君，一系列事件與災難發生於世界各地。危機由英國到日本，由俄國到撒哈拉以南非洲，蔓延全球，連美洲大陸也受到波及。在 1640 至 1650 年間，自然環境的變化導致饑饉、營養水平下降及疾病的增加。據當時估計，該時間段共有三分之一世界人口死亡。這個場面，和我們所看到的明清易代時期中國的情景不是很相似嗎？

派克並非對「17 世紀危機」進行研究的第一人。西方學界對於 17 世紀危機表現的認識很早就已存在，但作為歷史學命題的「17 世紀危機」，是霍布斯鮑姆（Eric Hobsbawm）於 1954 年在創刊不久的《過去與現在》（*Past and Present*）雜誌上發表的〈十七世紀危機〉中正式提出的。相關文章在 1965 年以《1560 至 1660 年的歐洲危機》（*Crisis in Europe 1560–1660*）為題結集出版，當時對於危機的討論還是着眼於歐洲。此後人們逐漸認識到了在全球許多國家和地區普遍存着類似的危機現象。

從全球史的視野來看明清易代，也就是把明清易代納入「17 世紀危機」的範圍。1973 年，阿謝德率先將「17 世紀危機」的研究引入中國研究，發表了《十七世紀中國的普遍性危機》一文。魏斐德（Frederic Wakeman）的《中國與十七世紀危機》（1985）探討了中國 17 世紀危機的表現及走出危機的過程。這些，都為我們開了從全球史的角度來看待明清易代的先河。

最後，我還要強調一點，雖然「天」（即氣候）是導致明朝滅亡的主要原因之一，但是全球化的影響也是不容忽視的。

首先，17世紀是經濟全球化的早期階段（即早期經濟全球化時代）。費爾南德茲—阿梅斯托（Felipe Fernández-Armesto）在其《一四九二：那一年，我們的世界展開了》（*1492: The Year Our World Began*）中寫道：15世紀末哥倫布發現新大陸，「從此以後，舊世界得以跟新世界接觸，藉由將大西洋從屏障轉成通道的過程，把過去分立的文明結合在一起，使名符其實的全球歷史——真正的『世界體系』——成為可能，各地發生的事件都在一個互相連結的世界裏共振共鳴，思想和貿易引發的效應越過重洋，就像蝴蝶拍動翅膀擾動了空氣。」在這個時期，由於經濟全球化的發展，以白銀為基本貨幣的世界貨幣體系一體化也發展起來了。在中國方面，到了17世紀貨幣白銀化也基本完成。此時中國經濟進入了世界貿易體系，也加入了世界貨幣體系，並在其中扮演者重要角色。其結果之一是中國愈來愈依賴白銀輸入。白銀輸入的起落變化態勢，自然對中國經濟、社會、政治發揮着愈來愈大的影響。17世紀前半期白銀輸入數量出現了頗大變動，這有可能是導致明朝滅亡的一個重要因素。當然，學者們在這方面的意見不統一。艾特威爾（William Atwell）的《1530–1650年前後國際白銀流通與中國經濟》和《1635–1644年間白銀輸入中國的再考察》、岸本美緒的《康熙蕭條和清代前期地方市場》和萬志英的《中國十七世紀貨幣危機的神話與現實》等著作，都提出了很有意義的見解，是我們在研究明清易代問題時應當參考的文獻。

其次，由於全球化的進展，各國之間的關係愈來愈緊密，以此相伴的是糾紛也愈來愈多。作為解決糾紛的手段之一——戰爭——也愈來愈頻繁。與此同時，隨着各國之間的交流增多，先進

的軍事技術出現後，也得以迅速傳遍世界許多地區，形成全球性的互動。這種情況，我們稱之為「軍事技術的全球化」，簡稱軍事全球化。因此可以説，經濟全球化和軍事全球化是聯手進入「近代早期」的世界。這對東亞地區的政治、軍事格局產生了巨大的影響。

恩格斯説：「應當特別強調的是，從裝刺刀的槍起到後裝槍止的現代作戰方法，在這種方法中，決定事態的不是執馬刀的人，而是武器。」卡萊爾（Thomas Carlyle）説：「火藥的使用，使所有的人變得一樣高，戰爭平等化了。」早期經濟時期的火器技術的巨大進步及其迅速傳播，大大改變了東亞地區的力量平衡。因此，明朝陷於強敵環繞之中。明朝進行了相當的努力來對付這種局面，並取得了相當的成就。不幸的是，明朝軍事改革的主要成果，由於各種原因，落入主要敵手後金／清手中，從而也改寫了中國歷史。關於這一點，在拙著《火槍與賬簿：早期經濟全球化時代的中國與東亞世界》已進行了詳細的討論，這裏就不贅述了。

總而言之，明清易代是全球性「17 世紀危機」的一個部分，而這個危機不僅是全球氣候變化導致的，也是早期經濟全球化導致的。因此，只有把這個事件放到全球史與環境史視野中來觀察，方能得出一個全面性的結論。

皇帝為什麼逃到緬甸
——「永曆西狩」與世界變局

　　南明朝的永曆帝朱由榔（1623–1662），是明朝的最後一個皇帝，明神宗朱翊鈞之孫，桂王朱常瀛之子，崇禎年間受封為永明王。1646 年 11 月，受明朝大臣丁楚魁、呂大器、陳子壯等人擁戴為監國，接着稱帝於廣東肇慶，年號永曆。他在位 15 年，後被清兵追迫，逃入緬甸，為吳三桂索回，絞殺於昆明。在中國古代，因為有「為尊者諱」的傳統，皇帝流亡被稱為「巡狩」，所以永曆帝及其小朝廷向西流亡，也就是「永曆西狩」了。

　　在中國歷史上，皇帝「巡狩」之事屢見不鮮。有些「巡狩」是為避外敵而流亡，像唐玄宗避安祿山、史思明而「西狩」四川；南宋恭帝避蒙古人而「南狩」嶺南；清德宗（光緒帝）避八國聯軍而「西狩」陝西，都是人們耳熟能詳的故事。有些則是中國皇帝去到外「國」，不過不是被邀請去做「國事訪問」，而是被作為階下之囚而被押解去的。宋徽宗、宋欽宗父子、南宋帝昺、明英宗之「北狩」，都是眾所周知的例子。不過，像永曆帝這樣從華南不斷「西狩」，先到貴州，再到雲南，最後到了外國緬甸，則是中國歷史上空前絕後的。

　　為什麼永曆政權會做出這種「前無古人後無來者」的「西狩」？學界似乎未做過認真的思考。許多人覺得這是一個不成問題的問

題，因為永曆政權自始至終只是一個無足輕重的空頭小朝廷，在清軍強大的武力面前，這個小朝廷除了逃亡，別無選擇。到了 1647 年，清軍奪取廣東、湖南後，永曆政權更是山窮水盡，走投無路，只有西南的貴州、雲南地區尚可逃亡，之後更只有緬甸可去，因此當然只能「西狩」了。然而真實情況是這樣的嗎？

永曆朝歷史：一個微不足道的話題？

中國人向來以成敗論英雄，永曆政權因為未能統治全國，是失敗者，所以在大眾的眼中，只是一個沒有什麼意義的空頭小朝廷，而永曆朝的歷史自然是一個微不足道的話題。

從一個方面來看，情況確實如此。1652 年（南明永曆六年，清順治九年）正月初一，永曆帝和他手下為數不多的臣子、眷屬在雲南省最東邊一個名叫畋朝的村子裏裹過了新年。在孫可望的安排下，搬到了貴州的安隆千戶所。為了使名字好聽一些，將安隆千戶所改名為安龍府。據江之春記載，「壬辰（1652 年，永曆六年，順治九年）二月初六日，上自廣西南寧府移蹕貴州安龍府，…… 時廷臣扈隨者，文武止五十餘人」，加上少數兵丁、隨從人員和家屬眷口也不過二千九百餘人。《殘明紀事》中說：「王自入黔，無尺土一民。」處於如此可憐的境地，說它是一個空頭小朝廷也不為過。

然而，如果我們把眼光放大一些來看，情況又不同了。在 1646 年永曆政權建立之時，在明朝旗號下的各種勢力還控制着中國南部和西南部的廣大地域。雖然這些勢力並無統一指揮，甚至彼此爭鬥不已，但是它們中的大多數（至少在口頭上）是擁護永曆

政權的。早在前一年（1645），就已在浙東自稱監國的魯王朱以海也宣佈臣服於永曆政權。魯王於1653年死後，該政權的禮部議諡號時說：「今聖天子遠在滇雲，道路阻梗，末繇上請，姑同島上諸文武敘王本末及生薨年月，勒石藏諸壙中，指日中興，特旨賜諡改葬也」。

　明朝殘餘勢力在永曆的旗號下整合的時候，一些原本與明朝敵對的力量也紛紛加入以永曆為旗幟的抗清事業。張獻忠的大西軍本是明朝的死敵。到了1647年（南明永曆元年，清順治四年）正月，張獻忠在四川西充鳳凰山被清軍擊斃，大西軍餘部約20萬人在張獻忠的部將孫可望、李定國、劉文秀、艾能奇率領下急速南撤，進入貴州。豪格統率清軍追至遵義，因地方殘破荒蕪，糧草不濟，只得撤回，清軍只在川北據有保寧一隅之地。該年九月，大西軍餘部與明朝在雲南的殘餘勢力沐天波達成協議，決定「共扶明後，恢復江山」。在此時，一些投降清朝的明朝將領也紛紛倒戈，歸順明朝。次年正月，清朝的江西總兵金聲桓在南昌宣佈反清復明，除廣信、贛州二城外，江西全省皆歸明。四月，清朝的兩廣提督李成棟也在廣東宣佈反清，領兵北攻贛州。在湖南，清軍得知江西反叛退保岳陽，明軍趁機反攻，先後收復常德、辰州、靖州、黎平、武岡、寶慶等地；督師閣部何騰蛟則收復了全州，進攻永州。十一月，攻下永州，重佔寶慶，清軍不敵，棄衡州而走。長沙府屬十二州縣已被明軍攻陷九座，長沙已成孤城。至此，明軍已收復湖南大部，清兵僅保有長沙、岳陽兩城而已。十二月，清朝的大同總兵姜瓖也在山西反清，到翌年四五月，山西除省會太原及平陽外，都被復明義軍佔據，反清起義擴展到北方。在東南沿海，鄭成功軍於四

月攻福建同安。1652 年（南明永曆六年，清順治九年）春，清廷命定南王孔有德由桂林出河池，進攻貴州，吳三桂由嘉定（四川樂山）出敘州（四川宜昌）進攻川南。永曆政權的主要軍事靠山李定國部在經過充分準備之後，出兵八萬攻湖南。他先取沅州（今湖南黔陽）、靖州（今湖南邵陽），繼攻廣西桂林，大敗清軍，迫得清軍主帥、定南王孔有德自殺。李定國部七月初佔領桂林，隨後，直下柳州、衡州等四州，兵鋒指向長沙。清廷聞訊大驚，增派十萬大軍馳援。為避清軍銳氣，李定國暫時撤離長沙周邊，退守衡州。清軍主帥尼堪率軍尾追，李定國設伏將清軍團團包圍，四面猛攻，清軍大潰，尼堪被陣斬，全軍覆沒。李定國取得桂林、衡陽兩大戰役的勝利，使南明的抗清鬥爭打開了一個新局面。1653 至 1654 年間，李定國兩次以優勢兵力進入廣東。第一次圍攻肇慶，不到一月即回師退兵；第二次攻廣州、圍新會，時間長達半年有餘。李定國還積極聯絡鄭成功，力圖乘此東風，聯手北上，進一步擴大戰果。

其次，永曆政權建立後，得到廣泛的國際承認。清朝定鼎北京後，中國各主要鄰邦都表示繼續承認明朝，不承認清朝。

南明隆武帝自立於福建後，遣指揮閔邦基詔諭琉球，琉球繼續遣使向明朝朝貢。隆武政權為清朝所滅後，琉球仍然向監國魯王朝貢，並且與支持魯王的建國公鄭彩關係密切。魯王政權和鄭彩通過琉球的朝貢貿易獲得抗擊清軍所需的硫磺，並希望通過琉球從日本購買武器。琉球一直拒絕與清朝建立關係，直到 1653 年（南明永曆七年，清順治年），琉球中山王尚質才遣使前往清朝，與清朝建立朝貢關係。

朝鮮是明朝最親密的鄰國。清朝興起後，通過兩次對朝鮮半島的征伐，確立了朝鮮與清朝之間的宗藩關係。不過朝鮮朝野對明朝的滅亡痛心不已：「正月朔乙丑，上（李朝仁祖國王）於宮庭設位西向中原哭拜，為皇明也。」而在其子孝宗國王的記載中，也說仁祖每當「語及皇明，至於鳴咽不能言」。朝鮮雖然屈服於清朝，但對清朝非常反感，私下稱呼之為「胡虜」。這種「親明仇清」的心態，在朝鮮的《李朝實錄》中比比皆是。朝鮮方面僅僅在外交上使用清朝年號，在國內仍使用「崇禎」年號，致使「崇禎」這個年號在朝鮮沿用數百年之久。南明政權作為明朝的延續，受到朝鮮朝野的強烈關注。由於山海阻隔，朝鮮要直接獲得南明的消息十分艱難。李朝君臣通過各種管道收集相關信息，以此了解了南明抗清的概況，並希望尋求與南方南明政權建立聯繫。朝鮮君臣認為：「我朝三百年來，服事大明，其情其義，固不暇言。而神宗皇帝再造之恩（即萬曆時期明朝出兵朝鮮，將征服了朝鮮全國的日本軍隊趕出朝鮮），自開闢以來，亦未聞於載籍者。宣祖大王所謂義則君臣，恩猶父子，實是真誠痛切語也。」孝宗以光復大明天下為己任，倡議北伐，對大臣說：「群臣皆欲予勿治兵，而予固不聽者，天時人事，不知何日是好機會來時。故欲養精兵十萬，愛恤如子，皆為敢死之卒，然後待其有釁，出其不意，直抵關外，則中原義士豪傑，豈無回應者！」為了北伐，孝宗採取措施，擴軍備戰。駐漢城的都城御營廳軍由7,000人增加到21,000人；禁軍由600名增加到1,000名，全部改編為騎兵。御營廳增加了火炮攻堅部隊，還計劃將守衛漢城的訓練都監軍增加10,000人，御營廳軍增加20,000人，但因財政困難，以致未能實現。

安南（今越南）和明朝的關係頗為複雜，但是總體而言，還是好的時候居多。明朝滅亡後，安南與南明政權保持較好的關係。南明隆武二年（1646）二月，安南的後黎朝遣正使阮仁政、副使范永錦、陳概、阮滾等與明朝都督林參，航海往福建求封於隆武政權。時值清兵攻佔福建，部分安南使者被俘至北京。永曆政權建立後，安南使臣阮仁政往廣西拜見新即位的永曆帝。永曆帝遣翰林潘琦齎敕書、誥命、塗金銀印與安南使臣同行，前往安南冊封後黎朝的太上皇為安南國王。永曆元年（1647）五月潘琦至鎮南關，後黎朝派禮部尚書阮宜、戶部侍郎阮壽春等接至升龍（今河內），行頒封禮。永曆二年（1648）三月，永曆帝駐蹕南寧，安南至南寧入貢。永曆四年（1650）十一月，清兵陷廣州，永曆帝自肇慶逃至南寧。永曆五年（1651）二月永曆帝從南寧遣使敕諭後黎朝，令其資矢、象、糧、銃，以助恢剿。該年十月，永曆使臣再至冊封後黎實權派鄭氏清王為安南副國王。

日本是明朝最重要的鄰國，萬曆時期的朝鮮戰爭後，中日兩國之間基本上沒有了官方往來。不過，由於文化上的親緣關係，中日朝野依然對對方懷有親近感。明朝滅亡後，浙東沿海抗清武裝曾八次派人到日本，請求日本派兵幫助抗擊清軍（即「乞師」）。當時魯監國政權內部在向日「乞師」問題上出現了大爭論，兵部尚書余煌指責此乃「為吳三桂乞師之續」，但大儒黃宗羲力主「乞師」，說：「盡忠義士，苦思窮計，俱出於萬不得已，若徒以利害相權如余煌者，真書生之見也。」全祖望認為黃氏參與其中一次「乞師」之行：「是年（順治六年），監國由健逃至翁洲，復召公（黃宗羲）副馮公京第乞師日本，抵長崎，不得請，公為賦《式微》之章以感

將士。」最後一次，是 1659 年（清順治十六年，南明永曆十三年，日本萬治二年）大儒朱舜水（即朱之瑜）東渡「乞師」。在此之前，他曾七次渡海到日本「乞師」。

控制着福建沿海一帶的鄭氏集團也向日本「乞師」。南明隆武元年（1645），鄭芝龍派崔芝到日本求援，但未得到日本回應。次年，他又派黃征明、康永寧帶去八封自己的親筆信件，請求日本派兵 3,000 人、鎧甲 200 領，並允許讓其次子七左衛門回到中國故鄉，但均未能實現。鄭芝龍降清後，鄭成功繼續向日本求援。他先後曾五次派使臣鄭彩（鄭成功的堂兄）、張光啟等人，到日本「乞師」，但除了得到一些物資上的援助外，日本並未直接派兵援助。鄭成功去世後，由其子鄭經繼承他未竟的事業，堅持抗清復明活動。他如其父、祖一樣，繼續派使臣赴日本，要求日本給予軍事援助。清朝康熙二年（1663）鄭經派遣蔡政、洪未舍等人帶着《致長崎王殿下書》去長崎，取回鄭氏家族在日本的存款，以供應軍用。在此之後，鄭經又先後於康熙六年（1667）和康熙十三年（1674）派人到日本「乞師」。鑒於清朝的強勢地位，日本幕府沒有積極回應鄭氏的求援。

朱舜水 60 歲時，子死軍破，他選擇留居日本長崎不返。之後，據說鄭成功曾有信給他，託他代向日本乞師求援。那封有名的《鄭成功贈歸化舜水書》中一段話說：「今欲遠憑日本諸國侯假多少之兵，恭望台下代森（成功名）乞之諸國侯⋯⋯。台下今效采薇之客，莫忘國恩，懇懇。若託諸庇得復運之勢，森之功均出於台下手裏者。黃泉朽骨，不敢空忘」。

南明政權也得到葡萄牙澳門當局的承認和支持。後者通過耶穌會士，與南明政權展開了相當密切的軍事政治合作關係。南明隆武政權建立後，向澳葡當局求援。葡澳當局命尼古拉·費雷拉（Nicolau Ferreira）率領三百葡萄牙士兵北上援明抗清。南明隆武二年（1646）十二月，清將佟養甲、李成棟攻佔廣州，隆武政權覆亡，清軍繼而轉攻肇慶，威脅永曆政權。永曆帝出逃廣西，被瞿式耜接到桂林安頓，清軍隨即攻擊桂林。明、清兩軍在桂林展開戰鬥，明軍大勝，穩定了初建的永曆政權，並使得金聲桓、李成棟等明朝叛將都見勢反正，從而大大加強了永曆政權的聲勢。而南明軍在桂林守衛戰中取得勝利，在很大程度上是得到了費雷拉率領的三百名葡萄牙士兵的幫助。

　　由此可見，永曆政權並非一個無足輕重的空頭小朝廷。相反，在一段時期內，它是爭取明朝復興的旗幟，在國內外擁有眾多的擁護者。在眾多人的心目中，永曆帝就如同日本戰國時代的天皇一樣，雖然自身沒有多少實力，但仍然被公認為國家或者正統王朝的代表。因此，永曆政權的命運在中國乃至東亞歷史上，並非微不足道的話題。

「西狩」：永曆政權的唯一選擇嗎？

　　由於永曆政權受到廣泛的承認和支持（儘管實際的支持有限），所以在它流亡時對於選擇播遷方向時，也有多種選項，並非只能向西「逃竄」。

首先，永曆政權可以向東遷移，投靠控制台海地區的鄭氏集團。

　　經鄭芝龍、鄭成功父子的經營，到了永曆時期，鄭氏集團成為一支強大的武裝力量。這一支堪與當時世界海上霸主荷蘭海上武裝相媲美的新式武裝，在明亡之後成為東亞世界唯一能夠對清朝構成重大威脅的力量。1658 年（清順治十五年，南明永曆十二年），鄭成功統率 17 萬大軍與浙東張煌言部會師，大舉北伐。大軍進入長江之前，於洋山海域遭遇颶風，損失慘重，只得退回廈門。次年鄭成功再次率領大軍北伐，會同張煌言部隊順利進入長江，勢如破竹，接連取得定海關戰役、瓜州戰役、鎮江戰役的勝利，包圍南京，天下震動。後因鄭成功中了清軍緩兵之計，意外遭到清軍突襲，致使鄭軍大敗。鄭成功兵敗後，試圖攻取崇明作為再次進入長江的陣地，卻久攻不克，只好全軍退回廈門。隨後擊敗 17 世紀海上霸主荷蘭，收復台灣，以之作為抗清根據地。鄭氏集團在明亡後能夠抗衡清朝達二三十年之久，可見其實力。

　　鄭成功始終保持對永曆政權的支持。1649 年（清順治六年，南明永曆三年），鄭成功宣佈奉永曆年號為正朔。永曆帝隨即冊封鄭成功為延平郡王，其子孫也一直保持着這個頭銜，而未自立為王。鄭成功及其子孫在控制地區鑄造和使用「永曆通寶」，在鑄造的大炮上也標明「永曆」字樣，以表示承認永曆政權。鄭成功本人的辭世，也與他聽到永曆帝殉國的消息後感到極度悲痛有關。簡言之，鄭氏政權堅定地承認永曆帝為正統君主，是明朝國家的象徵。

　　因此，對於永曆政權來說，流亡到台海，投靠鄭氏集團，在鄭氏集團的強大武力庇護之下生存，應當說是最佳選擇。

永曆政權如果要東遷，除台海之外，也可到廣東投靠李成棟。李成棟本是李自成部下，後隨高傑降明，累官至總兵，守徐州。南明弘光元年（1645）率部降清。降清之後，盡力為清朝效全馬之勞，不僅直接指揮了「揚州十日」、「嘉定三屠」等大屠殺，而且是擊滅南明隆武帝和生擒紹武帝的「首功」之臣，是為清朝攻滅南明江浙、福建、兩廣等廣大地區的第一功臣。由於戰功累累，清朝封他官至兩廣提督，但是永曆二年（1648）四月十五日，他在廣州發動兵變，剪辮改裝，用永曆年號發佈告示，宣佈反清歸明。廣東全省都在李成棟的軍隊控制之下，各州縣官員望風歸附。廣西巡撫耿獻忠也在梧州與梧州總兵楊有光、蒼梧道陳軾率部反正，並且立即派使者進入南明轄區報告兩廣反清歸明，接著李成棟的使者帶來了正式賀表和奏疏。當時，永曆朝廷正處於艱難窘迫之中，廣東全省和廣西已失府州，對於突然反正簡直是喜從天降。原已降清的廣西巡撫曹燁、高雷巡撫洪天擢等人前來朝見，說明原委，永曆君臣一片歡騰。李成棟也在肇慶修治宮殿，重建官署，修復城防，填充儀衞，使得「朝廷始有章紀」，以恭候永曆帝的到來。因此，永曆政權是可以東遷的。

　　其次，永曆政權也可以向南遷徙，流亡安南或者暹羅。

　　如前所述，安南和明朝的關係頗為複雜。安南與明朝在明初發生過戰爭，後來也不時有小衝突，嘉靖時明朝曾考慮出兵攻擊安南。不過總體而言，明朝和安南兩國關係仍然以和平相處為主，安南也承認明朝的宗主權。明朝滅亡後，安南與南明政權關係較好（兩國的關係前文已述，在此不贅）。到永曆五年（1651）年末，清兵逼近南寧，有大臣議去安南，但未成功。永曆十三年

（1659），清兵逼近昆明，永曆朝廷出逃，有大臣提議往安南。不過，此時操持決定永曆政權生死存亡大權的孫可望派人把永曆朝廷從雲南廣南府，理由是：「廣南鄰交趾，夷情叵測，非久留之地。惟安隆府地處滇黔粵三省交，會城池堅固，最宜久居」。不久清兵逼近廣南府，道路不靖，於是不再提此事。此後，在沐天波建議下入緬甸。永曆帝出逃後，李定國兵南退撤至中、寮、越邊境，後盤桓於安南境界，直到於 1662 年憂憤而死。由此可見，雖然永曆政權沒有「南狩」安南，但是安南確實是流亡的選項之一。

暹羅與明朝關係一直很友好，從未發生衝突。崇禎十六年（1643），暹羅最後一次譴使到明朝，已經知曉明朝處境危急。崇禎帝自縊的噩耗傳至暹羅後，國王帕拉賽命人取出神宗冊封的誥命與金印，面北邀祭。在永曆政權建立之初，暹羅方面就做好救援準備，但由於情勢複雜未有實質行動。永曆十三年（1559）初，雲南失陷、永曆帝出逃的消息傳至暹羅，暹羅君臣商議迎永曆帝入泰避難。

從上述可見，永曆政權的流亡有向東和向南數個選項，而非只有向西一個選項。不僅如此，從諸多方面來看，向西實際上是永曆政權面前最差的一個選項。

永曆政權西遷，首先就是到雲南，再進一步到緬甸。那麼，明代雲南與緬甸的情況如何？對於永曆政權來說，流亡雲南與緬甸，是否比流亡到台海、安南、暹羅更安全、更保險呢？

首先，西遷雲南是否最佳選擇？一個人流亡異邦，風險很大，況且「皇帝」流亡外國，亙古未有，所以永曆政權在選擇流亡地點時，肯定首先考慮國內，也就是說在台海地區、廣東和雲南之間

進行選擇。而在這三個地區中，廣東的李成棟反正後，局勢仍然不穩，而且直接面對清軍的強大攻勢，所以永曆政權可以暫時不考慮。而在雲南和台海地區中，又顯然是台海地區好得多。

前面已經說過，台海地區在鄭氏武裝控制之下，而鄭氏武裝不僅是東亞唯一能夠與清朝長期抗衡的武裝力量，還是東亞最強大的海上武裝力量，並得到遍佈東南亞各地華人的支援。為了保護被菲律賓西班牙當局迫害的華人，鄭芝龍、鄭成功和鄭經都曾打算出兵菲律賓。雖然因為各種原因沒有付諸行動，但是東南亞可以成為鄭氏集團的大後方，應當是沒有問題的。因此鄭氏控制之下的台海地區，可謂進可攻，退可守，具有較強的生存能力。更重要的是，鄭氏集團始終奉永曆正朔，在這個意義上可以說是明朝的忠臣。因此向東遷移，投靠鄭氏集團，無疑是上選。

雲南的情況就不同了。雲南是一個少數民族為主的地區，明初把內地人口大量前往雲南，使得雲南的外省人口增加到了三十萬左右，從而大大改變了雲南人口的族群結構。不過，漢人在全省人口中依然是少數。此後雖然不斷有謫戍、仕宦、逃逋、貿遷的漢人陸續遷入雲南，但為數不多，所以終明一代，雲南境內仍以少數民族人口佔絕大多數。到了明代中後期，少數民族依然是雲南人口的主體。嘉靖年間，桂粵說雲南「城郭人民，夷居十七」。同時代人陳全之也說「大抵雲南一省，夷居十之六七」。稍後，大儒顧炎武在《天下郡國利病書》中仍說雲南人口中「漢人三之，夷人七之」。這些漢人主要是衛所軍人，所以當時的一位學者王士性說：雲南一省，蠻夷佔十之六七，其餘所謂的中華之人，「惟各衛所戍夫耳」。

少數民族佔雲南人口的絕大多數，而他們和明朝政府的關係很複雜。明朝在雲南的統治，主要依靠的力量是人數有限的衛所軍人。到了明代中後期，衛所制度已經衰敗，甚至名存實亡，所以明朝在雲南的統治基礎十分薄弱。南明隆武元年（1645）十二月，蒙自土司沙定洲掀起叛亂，奪取雲南首府昆明，世守雲南的黔國公沐天波被迫逃往楚雄。至來年二月，除楚雄以西外，整個雲南都歸附了沙定洲。永曆元年（1647）正月，沙定洲集中了龐大兵力，分成七十二營，每七營為一大營，將楚雄城層層包圍，又環城立柵鑿濠，不使一人潛出。圍困八十餘天，城中彈盡糧絕，幾乎失陷。永曆二年（1648）四月初，孫可望令李定國進攻沙定洲。李定國和沙定洲相持數月，不見勝負，沙定洲滋長麻痹輕敵情緒。李定國偵知，率兵圍營，環以木柵，斷絕水源。幾天後，沙定洲支援不住，率眾出降。到了八月，沙定洲之亂才平息。

平定沙定洲之亂，靠的是李定國率領的大西軍。不僅如此，永曆政權西遷到貴州後所依靠的武力，也是大西軍。大西軍本是明朝不共戴天的敵人。崇禎八年（1635）張獻忠部隊攻下了明朝的中都鳳陽城。張獻忠命令砍光明朝皇帝的祖陵的幾十萬株松柏，拆除了周圍的建築物和朱元璋出家的龍興寺（又名皇覺寺），並掘了明朝皇帝的祖陵。崇禎十六年五月，張獻忠軍攻佔武昌府城，將住在武昌的明楚王朱華奎處死，並與部下分食其肉，同時把楚王宮裏的金銀珠寶統統拉走。崇禎十七年六月，張獻忠佔領川北重鎮重慶，將從漢中逃來的明瑞王朱常浩、巡撫陳士奇、兵備副使陳纁、知府王行儉等一批明朝宗室和官僚俘獲並處死。八月，張獻忠又攻克成都，住在成都的明朝成都王朱至澍、太平王朱至涤自殺。到

了崇禎十七年十一月，張獻忠乾脆在成都稱帝，建國號「大西」，改元「大順」。這些所為在中國古代觀念中都是大逆不道的逆天大罪，因此張獻忠與明朝有不共戴天的血海深仇。此外，張獻忠在四川的所作所為，也使得西南一帶官民聞風喪膽。時人顧山貞寫道：1645 年（清順治二年，南明唐王隆武元年）「十二月十五日，獻忠殺進士、舉人、貢監、生員一萬七千餘人於成都東門外。先是，賊以特科，使州縣送人應試；自進士至生員，俱不得隱匿。既至，聚於玉局觀，以兵衛之。有疑其變者，偽以他事逸去，亦得全一二人。既而，移入城中大慈寺。至是，照牌點名，出則盡殺之，投屍江中，人謂之泣魂牌。時賊兵皆聚成都，其在外者，或召入潼州，日遣心腹將領勁兵屠各州縣。兵到則揚言萬歲爺即至，官民皆集操場奉迎；而別遣一隊入城，殺婦女嬰兒。城內城外，一時俱發，男婦老幼無得脫者。其殺鄉居人，則謂塘撥，亦不使一人得脫。所遣諸將，以所殺之多寡為功。首級重，不可攜，男子割勢，婦人則刓其陰肉及乳頭。有不及取者，則但以人手為驗。驗功之所，手積如山」；「四川之禍，屠城、屠堡、屠山、屠野、屠全省，甚至千里無人，空如沙漠；自互古以來，未嘗有也！」

對於永曆帝本人來說，張獻忠的大西軍也是有深仇大恨的敵人。崇禎十六年（1643），張獻忠率部攻陷衡陽，桂王朱常瀛攜子安仁王朱由㭊、永明王朱由榔從南門奔逃出衡州城，離開了王府封地，往西南方向逃往永州。第二年桂王死於梧州，朱由㭊繼位桂王，不久朱由㭊突然死去，這樣就剩下朱由榔，承繼桂王之位，也就是後來的永曆帝。而對於永曆帝來說，大西軍可謂是既有國仇，又有家仇。而對於風雨飄搖的永曆政權來說，投靠和明朝有血海深

仇的張獻忠軍餘部，無疑是最危險的選擇。張獻忠義子和大西軍餘部首領孫可望對永曆朝廷的態度也充分表明了這一點。1652 年（南明永曆六年，清順治九年），孫可望迎永曆帝到貴州安隆所，改安隆所為安龍府。永曆帝為擺脫控制，和吳貞毓、李元開、胡士端、蔣幹昌等 18 位朝臣密謀，企圖借助在廣西北伐抗清的李定國的勢力，翦除孫可望等人的勢力。密謀被發現，孫可望殺害了這些大臣，史稱「十八先生之獄」。孫可望自己住在貴陽，設立了內閣六部，建立太廟和社稷，制訂朝儀，為將來篡位做準備。在此情況下，永曆政權流亡到雲南，在宿敵大西軍餘部的卵翼下苟且偷安，要比流亡到在鄭氏控制下的台海地區，在明朝臣子鄭成功的庇護下繼續存在，所冒的風險要大得多。

　　雲南毗鄰緬甸，如果永曆政權最後走投無路，可以繼續向西，流亡到緬甸，但在中南半島的三個強國（安南、暹羅和緬甸）中，緬甸與明朝的關係最不好。在明代中後期（嘉靖到萬曆年間），緬甸不斷對明朝發動戰爭，前後持續了半個世紀。這場戰爭規模、強度都很大，萬曆二十一年（1593）、三十四年（1606）緬甸兩次大規模入侵，出動的部隊每次都達三十萬人（或者號稱三十萬人）。從兵力投入來說，堪與差不多同時席捲整個歐洲的「三十年戰爭」中作戰一方的兵力總投入相媲美。這場戰爭的結果，使得明朝喪失了大片國土。因此可以說，在明朝的南方鄰國中，緬甸是和明朝關係最不好的國家。

　　那麼，為什麼永曆政權還要向西流亡呢？

雲南：為什麼成為南明政權最後指望的「復興基地」？

永曆政權遷移到何處，並非永曆小朝廷自身所能夠決定的。永曆政權本是依靠以瞿式耜為首的在華南的官員擁立的。瞿式耜聯合了明朝殘餘勢力和李自成餘部郝永忠等，是永曆政權抗清軍事行動的主要組織者和指揮者。1648 年（南明永曆二年，清順治五年）2 月，郝永忠部在靈川戰役中受挫，退到桂林，受到當地駐軍的歧視，發生了「二月兵變」。郝永忠請永曆帝向西逃走。瞿式耜力爭，永曆帝不聽，左右侍衛簇擁着永曆帝要趕緊離開，瞿式耜又爭。永曆帝居然説：「瞿愛卿只不過想為社稷盡忠」。因此，瞿式耜是反對永曆政權西遷的。

不過到了 1649 年（南明永曆三年，清順治六年），清軍對南明發動反攻，攻佔湖南，瞿式耜被殺。永曆帝也先逃到梧州，又逃到南寧。這時永曆政權可以依靠的，只有大西軍餘部了。而此時的大西軍餘部，由首領孫可望、李定國、劉文秀和艾能奇率領，從四川撤退到雲貴。其中孫可望年齡最大，所以在四人中為首。1647 年（南明永曆元年，清順治四年）2 月，孫可望、李定國、劉文秀等在貴陽附近的定番開會，商討大西軍今後的出路和策略。孫可望主張繼續與明朝作對，到廣東南嶺一帶，建立地盤，其實是密謀自己稱帝。如果大事不好，就向南流亡海外。李定國則力主聯明抗清，西進雲南，建立根據地，恢復大明江山。李定國的建議得到了多數與會將領的贊成，但孫可望反對。李定國表示孫可望亡命南海是死路一條，那還不如當場死去，當即拔劍欲自刎。眾將奪下劍，撕破

一面戰旗為其裹傷，並一致表示願意接受李定國的意見。孫可望見狀，只得收回己見。可是到了 1651 年（南明永曆五年，清順治八年）初，永曆帝派使臣前往貴州，封孫可望為冀王，但孫「猶不受」。李定國等勸孫可望派楊畏知與永曆政權談判，孫表面答應，暗地卻派出精兵赴南寧，殺死五大臣，逼迫永曆帝改封他為秦王。年底南寧又陷落，永曆帝逃到瀨湍。1652 年（清順治九年、南明永曆六年）正月，孫可望派人將永曆帝接到貴州安隆所，改名安龍府，答應每年向永曆帝送錢糧，以供開銷，而永曆帝允許孫可望今後的大小戰事，可以先斬後奏。這樣，大西軍餘部與永曆政權的聯合抗清陣線才正式建立。

孫可望有野心，意圖以貴州和雲南為基地，想自立為皇帝。他佔據雲貴長達十餘年，其中駐居貴陽達八年之久。而雲南則由李定國經營。李定國在雲南實行政治和經濟改革，減輕百姓的負擔，使雲南出現安定的局面。他終日操練兵馬、製造盔甲、訓練象隊，一年內練就精兵三萬。他還舉行了生童考試，對考中秀才者，發給賞錢三百串，積極培養人才，為光復後儲備人才。

在大西軍餘部諸將中，真正擁戴永曆政權的是李定國。李定國是大西軍餘部中最有才幹的將領，他的部隊也是永曆政權後來的主要依靠力量。當永曆政權不得不選擇流亡地時，李定國提出西進雲南的方針，是從復興明朝的大局出發的，符合永曆政權的根本利益。永曆「西狩」主要是聽從李定國的決定。因此可以說：這個選擇絕非走投無路時病急亂投醫之舉。

那麼，為什麼李定國要為永曆政權選擇西遷雲南呢？

首先，這時永曆政權已經無法東遷去投靠鄭成功集團了。

1653 年（南明永曆七年，清順治十年）2 月，由於孫、李內訌，清軍乘機反攻，湖南又再次落入清軍之手，李定國部精銳亦挫者殆半。李定國深感自己的力量不足以平定廣東，便於 6 月主動致書鄭成功，邀他會攻廣州，但由於聯絡不便，鄭成功誤期，鄭、李第一次聯合行動未能實現。7 月，李定國再次致書鄭成功，邀他合攻新會，但鄭成功此時正與清廷議和，拖延了援粵之師。等到 12 月議和失敗，鄭成功才派林察率舟師赴粵，李定國早已敗退，貽誤了戰機。為什麼鄭成功對李定國的建議反應不積極？顧誠先生認為是由於鄭成功「私心自用」。有人不同意此說，認為當時鄭成功在選擇合作者時，在選擇孫可望還是李定國的問題上感到為難。當時孫可望手握西南抗清主力 30 萬軍隊，還掌控永曆朝廷；而李定國與孫可望當時已經鬧翻，李定國在軍事上與政治上都處於弱勢。在這種情況下，鄭成功難以對李定國的建議作出積極回應。

此外，永曆小朝廷裏的權臣馬吉翔、太監龐天壽也對於西遷的決定起了一定作用。1651 年（南明永曆年，清順治八年），清軍大舉南下，形勢愈來愈緊急。永曆帝召群臣商議，有人主張到廣東李元胤那裏去（李元胤是清朝廣東提督李成棟的義子，勸說李成棟反清復明，李成棟死後，成了李部的首領）；有人主張進入安南避難；有人主張渡海到福建依靠鄭成功。李元胤也上書奏請出海，但馬吉翔、龐天壽與孫可望有交情，堅決主張去貴州。首輔吳貞毓因為以前阻撓過封孫可望為王，不敢決定。永曆帝不願到孫可望那裏去，又認為到海濱路途遙遠，交給朝臣商議，決定不下來。最後是孫可望派兵把永曆君臣押送到貴州安龍。後來李定國保護永曆帝進駐雲南後，逮捕了馬吉翔，讓部將靳統武看管起來，打算殺掉他。

馬吉翔極力討好靳統武和李定國的門客。於是這些人一起向李定國稱讚馬吉翔。李定國召見馬吉翔，馬吉翔頓首盛稱李定國功高，千古無雙，李定國聞之大喜。金維新與龔銘又交口讚譽且說：馬吉翔朝廷舊臣，今既歸誠，如果入內閣，必與我相應。李定國於是薦吉翔入閣辦事。馬吉翔外挾李定國之勢以制朝廷，內假借朝廷寵以動李定國，於是小朝廷內大權盡歸馬吉翔。

為什麼李定國要選擇雲南呢？一則是雲南是他的地盤。他在這裏經營了數年，頗見成效，並訓練出三萬人的軍隊；二則是因為馬吉翔大力拉攏李定國，李定國也比較信任馬吉翔，而馬吉翔是貴州人，不希望去投靠鄭氏集團；三則是李定國與鄭成功之間有瑜亮情結，當然也不願意把永曆帝這個「天下共主」讓給鄭成功。因此，西遷是他唯一的選擇。不僅如此，從歷史和現實的情況來看，雲南也可能是復興明朝的唯一基地。

在今天，雲南是一個比較貧窮的邊疆省分，不太為人所重視，但是在歷史上，雲南的地位卻大不相同。

中國歷史上的外患主要來自北方。在唐代以前，中國中央王朝從來沒有遇過來自南方的威脅。不過到了唐代，這種威脅出現了，即南詔興起於雲南，並迅速發展成為一個強國。據《新唐書·南蠻傳》，南詔的疆域為「東距爨，東南屬交趾，西摩伽陀，西北與吐蕃接，南女王，西南驃，北抵益州，東北際黔、巫」。換言之，其疆域東面包括兩爨（雲南），東南到達安南，西北連接吐蕃，南面和女王國（國都在今泰國的南奔）接界，西南和驃國（政治中心在今緬甸曼德勒一帶）接界，北抵大渡河，東北抵黔、巫（今貴州和四川的長江南岸），儼然為中南半島上的超級強權。

南詔東鄰唐朝，北鄰吐蕃，這兩大鄰國都是強國，南詔在向東、北、西北幾個方向發展都遇到困難，所以積極向南、東南和西面發展。南詔在雲南的西南地區設置了開南節度和銀生節度，統治中南半島的許多地區。晚清民初時期學者沈曾植説：「開南、安西所部，遠皆達於南海。以《地理志》所記通天竺路互證，知非誇辭不實者。蓋驃之屬國，皆為南詔屬國矣。」可見南詔勢力範圍一直達到南海。南詔軍隊曾與女王國、崑崙國發生衝突，到過真臘國（今柬埔寨）「蒼波洶湧」的大海邊。

　　南詔與唐朝進行過多次戰爭。唐文宗太和三年（829），南詔大舉進攻西川（亦稱益州，中心在成都平原）。南詔軍佔領了成都外城，雖然未能攻入內城，但退兵的那一天，南詔強迫成都各種技術工匠舉家南遷，人數達數萬人。兩年後，李德裕任西川節度使，要求南詔放回被虜的人，南詔放回了 4,000 人。唐僖宗咸通十年（869），南詔軍第二次進攻西川，與唐軍大戰，雖然最後被擊敗，但戰爭對益州造成了重大損害。唐代後期，人們都説「揚一益二」，即位於東部長江下游的揚州和位於西部成都平原的益州是中國最富庶的地區，也是中央政府兩大最重要賦税來源地之一。南詔幾次進攻益州，對唐朝造成嚴重危害。不僅如此，唐咸通元年（860），南詔出兵東下，攻破唐朝的安南都護府首府交趾城（今越南河內）。唐軍不久後收復安南。不過三年之後，南詔再次攻破交趾，唐軍退守嶺南。南詔不斷攻擊唐朝，兩陷安南，迫使唐朝不得不調用重兵鎮守在南方的最大要塞桂林，導致「龐勛之亂」，嚴重削弱了唐朝的根基，使之無力鎮壓黃巢起義，最終滅亡。這個「唐亡於南詔」的觀點得到陳寅恪先生的肯定，也得到其他史家

的認可。向達先生指出：南詔之患，「以懿宗時為最繁，幾乎每年都有邊警，而以中國的南部如安南、邕管為最甚。咸通時安南為南詔攻陷，於是邕管騷然，乃調東南之兵以戍桂林，卒之龐勳叛變，遂兆唐室滅亡之機。所以南詔的盛衰，安南的得失，關係於唐朝者甚大。」

南詔衰落後，大理國代之而起。大理也是中南半島地區的強國，其疆域「東至普安路之橫山，西至緬地之江頭城，凡三千九百里而遠；南至臨安路之鹿滄江，北至羅羅斯之大渡河，凡四千里而近」。大致說來，包括了今雲南省和川西南地區，以及今緬甸東北部、寮國北部和越南西北部地區，與南詔國大致相同。除此之外，廣西的許多地區也在大理國的勢力範圍之內。北宋皇祐年間，廣西廣源州（今靖西、田東一帶）少數民族首領儂智高起兵反宋，率眾攻佔安德州，建立南天國。後來兵敗，投奔大理國。在大理國的支持下，他準備進攻廣西和四川的黎、雅等州，但與南詔不同的是，大理國與宋朝始終保持着良好的關係，即便在雙方政治關係幾乎斷絕的時期也未發生過戰爭。不過這不意味着大理是一個弱小國家。北宋大中祥符八年（1015），大理國出動 20 萬大軍進攻安南國。南宋紹興二年（1132），大理又介入安南國的王位繼承之爭。安南國王李乾德有一庶子，從小被送入大理國寄養，改名趙智之。紹興八年安南國王李陽煥死，大理國派軍隊護送趙智之歸國，與嗣子李天祚爭奪王位。宋朝支持李天祚，這次爭奪安南王位的戰爭以趙智之的失敗而告終。

在公元 738 年南詔皮邏閣統一六詔至 1253 年大理國滅亡的五個世紀中，雲南一直是中國西南部和中南半島上的超級強權。元朝

滅了大理國後，雲南成為中國的一個行政區，從而以往幾百年的南方威脅也隨之消失。

雲南被元朝納入版圖後，依然保持着一種相當特殊的地位，實際統治者是元朝的蒙古貴族梁王和大理國王室後裔段氏。梁王以昆明為其統治中心，段氏則控制着大理一帶。元朝滅亡後，元順帝逃到漠北，稱為北元，與新建立的明朝對抗。梁王把匝剌瓦爾密仍奉元朝正朔，服從北元的命令。段氏雖然也直屬北元政府管轄，但處於半獨立狀態，與梁王政權之間不時發生武裝衝突。明太祖朱元璋欲以和平方式解決雲南問題，曾多次派使者前往談判，均被殺害，遂決定用武力統一雲南。洪武十四年（1381）九月，明太祖命穎川侯傅友德為征南將軍，永昌侯藍玉為左副將軍，西平侯沐英為右副將軍，率大軍三十萬征雲南，梁王派遣達里麻將兵十萬屯曲靖抗拒。經過激戰，洪武十五年（1382）正月，梁王兵敗自殺，雲南方被納入明朝版圖。因此雲南是明朝統一的最後一個地區。

到了明代，雲南依然擁有相當強大的地方武力。在元朝後期，雲南西南邊疆的麓川撣族政權興起，到了元末明初發展成為一個強大的地方政權，與明朝和緬甸都發生了多次戰爭。從洪武十八年（1385）到正統十三年（1448），明朝發動了五次大規模的軍事征討（包括有名的「三征麓川」之役），大小戰事不計其數，「軍費所需，萬萬不可計」，才消滅了麓川政權。

在明代中國，雲南在經濟上擁有一種其他地方所無的優勢：白銀。在元代，天曆元年（1328）全國銀產量為 775,610 兩，其中幾乎一半（47.42%）是雲南生產的。到了明代，隨着商品經濟的發展，貨幣的「白銀化」成為不可阻擋的趨勢。到了萬曆時期，全國

到處都在積極尋找銀礦，但是只有在雲南取得較好的結果。明代後期旅行家王士性在《廣志繹》中說：「採礦事惟滇為善。……他省之礦，所謂『走兔在野，人競逐之』。滇中之礦，所謂『積兔在市，過者不顧』也。」明末大科學家宋應星在《天工開物》對全國的銀礦介紹如下：「凡銀中國所出，浙江、福建舊有坑場，國初或採或閉。江西饒、信、瑞三郡有坑從未開。湖廣則出辰州；貴州則出銅仁；河南則宜陽趙保山、永寧秋樹坡、盧氏高嘴兒、嵩縣馬槽山；與四川會川密勒山、甘肅大黃山等，皆稱美礦，其他難以枚舉。然生氣有限，每逢開採，數不足，則括派以賠償；法不嚴，則竊爭而釀亂，故禁戒不得不苟。燕、齊諸道，則地氣寒而石骨薄，不產金、銀」；「然合八省所生，不敵雲南之半。故開礦煎銀，惟滇中可行也。凡雲南銀礦：楚雄、永昌、大理為最盛，曲靖、姚安次之，鎮源又次之。」由於雲南是全國最大的白銀產地，手裏握有大量「硬通貨」，當然也擁有相當大的經濟實力。除了銀礦，雲南還擁有全國最大的銅礦，並且是全國林業資源最豐富的地區之一。不過雲南銅礦和林業資源的開發，要到清代才大規模進行，這是後話。

正因如此，明朝寧可放棄在宋代以前一千年中一直是中國中央王朝直接統治的一個行政區、到了明朝又重新恢復主權達二十多年的安南，也不願放棄元代以前長期獨立的雲南，儘管雲南的居民絕大多數並非漢人。

雲南還具有特殊的地緣戰略地位。雲南陸路與越南、寮國、緬甸接壤，處於中國通過陸路進入南海 —— 太平洋和孟加拉灣 —— 印度洋的兩大重要戰略通道上，即是中國與中南半島陸地貿易的通道。由於這種特殊的地理位置和地緣優勢，早在西漢時期，雲南就

與南亞、東南亞發生過密切的經濟聯繫。漢武帝元光六年（公元前129），正在西域進行探險之旅的漢朝使者張騫竟然在大夏國（今阿富汗北部地方）發現了來自中國西南地區的邛竹杖、蜀布，就已感覺到中國的西南必有一條通往印度的道路。這條道路就這樣發現了，後世學者稱之為「南方絲綢之路」。張騫回國後建議漢武帝打通通往西南地區的西南夷道，武帝採納了他的建議，使得一條從成都、經過雲南、到達印度的官方南方貿易通道正式開通。這條道路的開闢，使得沿途的貿易也開始興盛起來。因此我們可以說，整個古代時期的雲南是在用「兩條腿」在運轉：一條是通往內地的國家向心力和經濟發展之路；另一條便是與東南亞和南亞之間充滿文化和經濟交流的國際通道。加上，雲南地處高原，易守難攻，進可攻，退可守，周邊有機可乘時則可憑藉自身武力，居高臨下，向外出擊，攻城掠地，稱霸一方。不僅南詔、大理如此，到了近代，滇系軍閥猶能以一省之力，稱雄於中國南部數十年，以致滇軍首領唐繼堯自稱「東大陸主人」。

此外，雖然漢人在明代雲南是少數族群，但是在政治、經濟方面卻居於統治地位。由於各方面的原因，雲南漢人對朝廷表現出罕見的忠誠。當永曆朝廷最後從雲南逃往緬甸時，出發時竟有數十萬人哭泣隨行，拖家帶口的官兵和士紳日行僅 30 里。這種忠誠，也是在其他地方難以見到的。

因此，上述情況使得雲南成為永曆政權流亡的最佳選擇。我認為李定國之所以選擇雲南為永曆政權的流亡目的地，正是考慮到了這些情況。

緬甸：為什麼成為南明政權最後的棲身之所？

對於永曆政權來說，如果最後不得不流亡外國的話，其選項有安南、暹羅和緬甸。在這三個選項中，緬甸無疑是最差的。

南詔、大理的相繼滅亡，造成了中南半島地區出現權力真空。原先在南詔、大理威懾之下的安南、緬甸得以乘機發展。到了 15 至 17 世紀中期，安南、緬甸及暹羅興起，積極向外擴張，成為中南半島的新興強權。

1551 年，東吁王朝的莽應龍滅了阿瓦王朝，征服各撣邦，完成了緬甸的第二次統一。東吁王朝是緬甸歷史上最強盛的王朝，在莽應龍統治時達到鼎盛，國土東到寮國的萬象，西到印度的曼尼普爾，南到印度洋，北到現中緬邊境的九個撣族土邦，佔據了大半個中南半島。1581 年，莽應龍去世。著名緬甸史專家哈威（G. E. Harvey）說：「毫無疑問，在莽應龍統治期間，他的人格影響了整個印度支那半島，贏得了各種民族集團的敬畏。」

莽應龍死後，緬甸內亂不已。阿拉干王朝乘機率葡萄牙僱傭兵於 1599 年攻佔白古，俘獲緬王莽應里，東吁王朝危在旦夕。莽應龍幼子良淵挽救了這一頹勢，佔領以阿瓦為中心的「糧倉」地區，保住了上緬甸半壁河山。繼其王位的阿那畢隆又收復了下緬甸的失地，並於 1613 年收復了被葡萄牙人佔領的沙廉，把葡萄牙人驅逐出緬甸，再次完成了緬甸的統一。他隆執政時，緬甸國富民強。

緬甸東吁王朝強盛起來後，四處征戰。1556 年，緬甸軍隊佔領今泰國北部的蘭納泰王國，將其置於自己的保護之下，流重兵駐守。東吁王朝奪取蘭納泰的目的並不是僅此而已，莽應龍的目光早

已指向了更遠的地方。蘭納泰是通往暹羅和寮國的重要跳板，也是進入明朝領地的另一條途徑。此時暹羅的阿瑜陀耶王朝和寮國都缺乏和緬甸抗爭的能力，莽應龍帥軍進入寮國本土，奪取明朝封給寮國國王的官印，並在寮國的土地上劫掠。位於寮國北方、在今雲南境內的車里國也表示臣服。可見緬甸的勢力滲透到了湄公河流域。

莽應龍率軍於 1563 年大舉進攻暹羅，勢如破竹，自北方奇襲阿瑜陀耶城，大敗暹軍，最後逼王摩訶查克臘派克被迫與莽應龍訂立城下之盟，交出主戰的王儲納黎萱等人入緬為質，向緬甸進貢，阿瑜陀耶王朝遂淪為緬甸的保護國。然後，莽應龍回師攻打蘭納和寮國，前後共征剿了八次之多。

1567 年，莽應龍曾向暹羅王摩訶查克臘派克求婚，但是遭到拒絕。這激怒了莽應龍，向暹羅興師問罪。他所調動軍隊的數量，竟然有 90 萬之眾的說法。然而，暹羅方面抵抗得很堅決，阿瑜陀耶城內的葡萄牙傭備軍向緬軍用火器掃射，造成很大的傷亡。從 1568 年 11 月緬軍包圍阿瑜陀耶城，直到 1569 年 8 月方才攻克。阿瑜陀耶城據守了 10 個月之久，期間一直與緬甸抗爭的暹羅王摩訶查克臘派克王去世，新王摩欣繼位，莽應龍利用主少國疑之機，施反間計除去了暹羅的股肱戰將披耶藍摩，又放回了 1563 年戰爭中入緬為質的披耶卻克里（在緬期間已叛變），佯稱從緬甸冒死逃回，請纓守城。摩欣王不知是計，委以重任，在披耶卻克里的裏應外合之下，莽應龍得以攻入阿瑜陀耶，俘獲摩欣王及眾臣。莽應龍在盛怒之下處死暹羅王，在大肆劫掠之後，將阿瑜陀耶的臣民一併帶回緬甸的白古，只留下不到一萬的居民。莽應龍將摩訶曇摩羅闍冊立為傀儡王。至此緬甸開始了對暹羅長達 15 年的統治。

緬甸在向東擴展之時，也積極北進。到了萬曆三年（1575），原先屬於明朝的木邦、蠻莫都已處於緬甸控制之下。緬甸的擴展，與明朝發生了長期而激烈的衝突。

萬曆四年，緬甸大舉進攻孟養。孟養土司思箇一面積極準備抵抗，一面向雲南當局告急。明朝金騰屯田副使羅汝芳要求思箇堅守待援，同時發兵前往增援。萬曆四年底，明軍到達騰越（今雲南騰沖）。思箇得知援軍即將趕至，命令手下頭目烏祿剌率一萬多人馬深入緬軍後方，絕其糧道，他自己則率兵埋伏在戞撒（在今緬甸傑沙）地勢險隘之處，引誘緬軍深入。緬軍果然進攻戞撒，思箇堅壁固守，不與之戰。緬軍欲進不能，糧道又被截斷，陷入了困境，「饑甚，以攝金易合米，始屠象馬，既剝樹皮，掘草根，軍中疫作，死者山積。」走投無路的緬軍只得向思箇求和，遭到拒絕。思箇派出使者，要求援兵迅速趕來，殲滅緬軍。不過雲南巡撫王凝害怕「兵興禍速」，急忙傳羅汝芳，不准他發兵增援思箇。思箇久等而不見援兵來，大為失望。他得知陷於困境的緬軍逃跑，於是「率兵追之，且追且殺，緬兵大敗，生還者什不一二」。緬軍這次進犯孟養雖然慘敗，但是由於明軍未能增援思箇，全殲入侵的緬軍，「一時士民以為大失機會。」

萬曆五年（1577），陳文遂出任雲南巡撫，鑒於邊境的嚴重局勢，提出「檄諸夷，撫三宣，設將領，築城垣」等十策，「然與時見相抵悟，事亦寢。」萬曆六年，明朝遣使將在孟養俘的緬甸兵、象連同禮物送還緬甸，並「好言慰諭之」。不過緬王並不領情，「不稱謝」。萬曆七年，緬軍再次進攻孟養，思箇以無援敗，將走騰越，中途為其下所執，送給緬軍，不屈遇害。於是孟密、木邦、孟

養等大片土地都淪於緬軍之手。儘管如此，明朝還是沒有採取積極的反擊措施。萬曆八年（1580），雲南巡撫饒仁侃又派人去招撫緬甸，但是緬王不予理睬。

萬曆十年（1582）冬，投靠緬甸的中國商人岳鳳帶引緬兵及各土司兵共數十萬人，分頭進攻雷弄（今雲南盈江南）、盞達（今盈江）、干崖（盈江東北）、南甸（今雲南騰沖西南）、木邦（今緬甸新維）等地，大肆燒殺搶掠，繼進逼騰越（今雲南騰沖）、永昌（今雲南保山）、大理、蒙化（今雲南巍山）、景東、鎮沅（今雲南景谷東北）、元江等地。萬曆十一年正月，緬軍焚掠施甸，陷順寧（今雲南鳳慶）、破盞達。岳鳳又令其子曩烏領眾六萬，突攻孟淋寨（今雲南龍陵東北）。明軍指揮吳繼勳、千戶祁維垣等率兵阻擊，分別戰死。為對付緬軍入侵，鎮守雲南總兵官沐昌柞從昆明移駐洱海，巡撫都御史劉世曾移駐楚雄，調動數萬軍隊，分道出擊。同時雲南巡撫劉世曾、巡按董裕一起上疏朝廷，請求任命名將劉綎為騰越遊擊，鄧子龍為永昌參將，趕赴前線，全力反擊。這時緬王也「西會緬甸、孟養、孟密、蠻莫、隴川兵于孟卯（今雲南瑞麗），東會車里及八百、孟良（今緬甸東北部，府治在今緬甸景棟）、木邦兵於孟炎（在今緬甸興威以北），復並眾入犯姚關」。劉綎和鄧子龍的部隊在當地土司軍隊的配合下，大破緬軍於姚關以南的攀枝花地。

攀枝花大捷後，鄧子龍軍又取得三尖山戰役勝利，收復了灣甸、耿馬。劉綎軍長驅直入，逼近岳鳳盤踞的隴川。岳鳳走投無路，於萬曆十二年（1584）正月到劉綎軍中投降，後與其子襄烏被押送北京處死。劉綎部隊順利地佔領了隴川，「奪獲緬書、緬碗、

緬銀、緬傘、緬服、蟒牙、衣甲、刀槍、鞍馬等衣物甚眾。」明軍佔領隴川後乘勝前進，分兵三路進攻蠻莫，蠻莫土司兵敗乞降，明軍收復了孟養和孟璉（今雲南孟連）。劉綎軍擊敗緬軍後，「夷緬畏綎，望風內附者踵至」。萬曆十二年（1584）二月，劉綎在威運營（今緬甸曼昌瑞亨山）築壇誓眾，受誓的有孟養、木邦、隴川三地的宣慰使和孟密安撫使。至此，明軍已收復了被緬軍佔領的全部領土。劉綎「糾合諸夷，獻血剖符，定縱連橫，合營進討」，進兵阿瓦（今緬甸曼德勒附近），緬軍守將莽灼投降。緬王莽應里得知後，發兵進攻莽灼。這時明兵已返回，莽灼力不能敵，棄城內奔，途中病死。緬軍攻佔孟密，包圍五章。明軍把總高國春率兵救援，擊敗數萬敵軍。

萬曆十一年到十二年（1583–1584），明軍的反擊以勝利告終，東吁王朝的勢力基本上被趕出了木邦、孟養、蠻莫等地區，邊境地區的土司紛紛重新歸順明朝。萬曆十二年，明朝政府升孟密安撫司為宣撫司，添設了蠻莫、耿馬兩安撫司，孟璉、孟養兩長官司，姚關、孟淋寨兩千戶數（都名為鎮安），並在蠻莫設立了大將行署，任命劉綎以副總兵署臨元參將，移鎮蠻莫。為了對付緬軍的象陣，劉綎還買了大象，「衝演兵馬」。這些措施鞏固了雲南邊防，加強了抵禦緬軍入侵的力量。

萬曆十三年（1585）冬，蠻莫土司思順因不滿劉綎及其部將的貪賄勒索，叛投緬甸。緬王派出大襄長等佔據蠻莫，孟養土司也暗中依附緬甸。雲南按察使李材派人成功地招撫了蠻莫、孟養兩個地方的土司，但孟養境內的密堵、送速兩城（都在今緬甸孟養以南）仍為緬軍佔據。萬曆十五年，明軍與土司兵配合作戰，殺敵千餘，

斬殺緬將大襄長，收復密堵、送速兩城。萬曆十六年（1588），孟密土司思忠、蠻莫土司思順又投緬甸。緬軍入侵，佔領了孟密。十八年（1590），緬軍進兵孟養，攻破猛拱（今緬甸猛拱），隨後又攻破孟密宣撫司管轄的孟廣（在今緬甸境內）。緬軍繼續東進，進攻隴川，被擊退。萬曆十九年（1591），因緬軍頻頻入侵，「諸夷力不能敵，紛紛求救，永（昌）騰（越）震動」，明朝重新起用鄧子龍，統軍抗擊緬軍。萬曆二十年（1592），緬軍再次入侵蠻莫，鄧子龍駐兵等煉，緬軍則進抵遮放。鄧子龍與緬軍大戰於控哈，緬軍退到沙州，而明軍因為沒有船隻，無法進攻。兩軍相持了一個月，緬軍退去。

萬曆二十一年（1593）底，緬軍再次大舉入犯，號稱大軍三十萬，戰象百頭，佔領蠻莫後，分兵三路，一路進攻臘撒（在今雲南隴川縣境內），一路進攻遮放、芒市（今雲南潞西），一路進攻杉木龍。雲南巡撫陳用賓此時正在永昌，率兵直入隴川，收復了蠻莫，但因輕敵，受到緬軍伏擊，損兵折將。萬曆二十二年（1594），陳用賓在騰越州西北至西南邊界築神護關等八座關口，以加強邊防。這八關距離當時的中緬邊界數十里至數百里不等。緬軍數擾八關，叛投緬甸的猛卯土司多俺殺天馬、漢龍兩關工役。明朝廣南知府漆文昌派木邦土司罕欽殺了多俺，並在猛卯大興屯田。在加強邊防的同時，陳用賓又派人聯絡暹羅夾攻緬甸，暹羅方面口頭上答應了，但懾於緬甸的強大，未敢出兵。萬曆二十三年（1595），緬軍入侵蠻莫，被明軍擊退。

從萬曆二十四年到二十六年（1596–1598），中緬甸邊境一度趨於平靜，原因是莽應里在派兵侵犯中國的同時，從 1584 年到 1593

年連續五次發動侵略暹羅的戰爭，但都遭到失敗。1596年，暹羅軍隊開始反攻。在此後的幾年中，緬甸南部的孟族起來反抗莽應里的統治，阿瓦、卑謬等地的政權也紛紛宣告獨立。莽應里的統治陷入危機，無力侵擾雲南邊境。

莽應里統治陷入危機時，其弟良淵趁機在北方擴大自己的勢力，並向北擴張。萬曆二十七年（1599），良淵的軍隊進攻孟養，被明軍擊退。萬曆三十年（1602），緬軍為了奪取孟密等地的玉石礦井，出動十幾萬軍隊進攻蠻莫。土司思正力不能敵，逃入騰越求援，緬軍追至離騰越只有三十里的黃連關。在緬軍兵臨城下、城內守軍人少無力擊退敵軍的情況下，雲南副使漆文昌、參將孔憲卿只得殺了思正向緬軍求和。緬軍又佔據了蠻莫，隨後進攻孟密、孟養，土司思轟兵敗身死。萬曆三十四年（1606），緬軍三十萬進攻木邦，明軍救兵不至，木邦失陷，陳用賓也因而下獄被殺。萬曆三十三年（1605）緬王良淵去世，其子阿那畢隆繼位。他在侵佔木邦後即揮戈南下，進行再次統一緬甸的戰爭，無力北上進攻明朝。因此萬曆三十四年以後，中緬戰爭基本上停止。

由於明朝在戰爭中失敗，明初設立的孟養、木邦、緬甸、八百、老撾、古喇、底兀剌、底馬撒等宣慰司及孟艮禦夷府為緬甸控制。這使得明朝喪失了大片領土，而緬甸則由此大大擴大了疆域，成為東南亞的超級強權。明朝人沈德符對這場戰爭的後果作了深刻的總結，說：「此後緬地轉大，幾埒天朝。凡滇黔粵西諸邊裔謀亂者，相率叛入其地以求援，因得收漁人之利，為西南第一逋逃藪，識者憂之。……雲南所統，自府州縣外，被聲教者，凡有九宣慰司、七宣撫司，其底馬撒與大古剌靖安三尉，久為緬所奪，滇

中可以調遣者，惟車里等五夷，並緬甸為六慰，與南甸等三宣撫而已。迨至今日，三宣六慰，盡入緬輿圖中，他時南中倘有徵發，嚴急不可，姑息不可，蜀漢之張裔被縛送吳，天寶之李宓全軍俱覆，非有車耶？」

　　沈德符說緬甸國土之大幾乎與明朝相等，並非故作驚人之語。緬甸東吁王朝興盛時，國土東到寮國的林城（即萬象）和今天的柬泰東部邊疆，西到印度的曼尼普爾，南到印度洋海岸，北到現中緬邊境的九個撣族土邦，佔據了大半個中南半島，成為東南亞的超級強權。

　　因此，在中南半島三個強國中，緬甸的武力最強，領土最大。如果永曆政權要找一個庇護者的話，緬甸無疑比安南、暹羅更有資格入選。

　　正因如此，到了永曆朝末期，在清軍的攻勢面前，昆明也保不住時，一些人主張取道建昌入據四川，即使形勢危急，還可以順長江而下，同據守夔東的抗清武裝會合。而權臣馬吉翔則力主逃往緬甸，千方百計慫恿永曆帝「西狩」。到了 1659 年（南明永曆十三年，清順治十六年）閏正月二十五日，永曆帝與小朝廷的文武官員在平陽侯靳統武護衛下，由永昌府（今雲南保山）退到盞達土司，第二天行至布嶺，距離緬甸邊境已經不遠了。馬吉翔認為只要進入緬甸國境就可以保住身家安全，同他的弟弟馬雄飛、女婿楊在秘密商議道：「我等百千謀議，方得車駕幸緬。今從官相隨又已至此。萬一得有寧宇，上意必悔不早入蜀；在廷又欲持文墨以議我弟兄。今護衛平陽侯右協孫崇雅與我極為同心。莫若先示以意，使之妄傳追迫，則乘輿今夜必兼程入關。伺夜半昏黑，車駕一過關，便將從

官盡劫，則東奔西竄，流離萬狀，必無有隨駕者矣。」李定國也贊成了馬吉翔等人向中緬邊境撤退的主張，儘管他自己沒有入緬，由他指派的護駕隊伍靳統武所轄兵員也只是到關為止，沒有跟隨永曆朝廷入緬。

由上可見，「永曆西狩」是李定國基於明代人對雲南和緬甸歷史和現狀的了解而作出的明智選擇，而不是永曆帝自己和身邊那些人懵懵懂懂地做出慌不擇路的選擇。在當時的局勢下，這無疑是最佳選擇。

也正因為緬甸是中南半島上的超強，所以永曆朝廷入緬之後，緬甸對這個自稱「天朝上國」的朝廷毫無敬意。1659 年（南明永曆十三年，清順治十六年）閏正月 26 日，永曆朝廷到達曩本河，距緬關十里。黔國公沐天波先派人去通知守關緬兵。緬方得知隨永曆帝避難緬甸的文武有近兩千人，要求「必盡釋甲仗，始許入關」。永曆帝只得同意，繳械後方才入境。緬甸國王派了四艘客船來接。由於船隻狹小，永曆帝挑選隨從官員 646 人，扈從三宮由水道南下，剩下的 900 多人，由總兵潘世榮保護岷王世子等騎馬走陸路。不僅不少隨從文武官的船隻沒有着落，連太后和東宮也都沒人料理，以致太后大怒說：「皇帝此時未至顛沛，即不顧親娘耶？」到初六日水路人員草草準備就緒，陸續開船南下。一路上緬甸寨民供應物品，18 日船到井梗（地近當時緬甸都城阿瓦，今曼德勒）。到後緬甸國王拒絕接見使者，只派漢人通事居間傳達信息。儘管緬甸國王住在阿瓦城中而永曆君臣住於城外，隔河相望，近在咫尺，但是各種文獻卻表明，兩人從來沒有見過面。到了 8 月 13 日，緬王派人來請黔國公沐天波過江參加 15 日的緬曆年節。沐天波攜帶

永曆帝原擬贈送的禮品過江後，緬甸君臣不准他穿戴明朝衣冠，強迫他換上緬族服裝，同緬屬小邦使者一道，以臣禮至緬王金殿前朝見。禮畢回來後，沐天波對朝廷諸臣說：「三月在井亙（井梗）時不用吾言，以至今日進退維谷。我若不屈，則車駕已在虎穴。嗟乎，嗟呼，誰使我至此耶？」說完大哭起來。緬甸當局雖然允許永曆朝廷入境避難，但卻並不承認這個政權是宗主國，所以始終沒有給予正式的官方接待。由此可見，作為地區超強的緬甸，在明朝盛時尚不斷向明朝發動攻擊，到了此時，更不把永曆政權放在眼裏了。

不過這裏也要指出：在「永曆西狩」的時候，雲南和緬甸的情況都發生了很大的變化。雲南在與緬甸的幾十年戰爭中受到嚴重破壞。在雲南西南部地區，「三宣（宣慰司）素號富庶，實騰越之長垣，有險而不知設，故年來俱被殘破，凋敝不振。」萬曆十一年（1583）緬軍「分道入寇，傷殘數郡，蹂躪一方」，留下一片「白骨青磷」，以致數年以後，「人猶切齒」。朱孟震《西南夷風土記》記載了緬軍在這些地區進行的屠殺，「凡有罪者，群埋土中，露頭於外，以牛耙之，復覆以柴草舉火焚之，彼自縱觀以為樂。江頭城外有大明街，閩、廣、江、蜀居貨遊藝者數萬，而三宣六慰被擄者亦數萬。頃歲聞天兵將南伐，恐其人為內應，舉囚於江邊，縱火焚死，棄屍蔽野塞江。」隨後的沙定洲之亂，更是火上加油，使得雲南殘破不堪，無力抵抗清軍。而在緬甸方面，由於多年征戰，國力消耗，國內矛盾日益尖銳。在他隆死後，平達力（1648–1661）繼位，國力日衰。80年後，孟族起義，動搖了東吁王朝的統治。1752年孟族軍隊佔領首都阿瓦，結束東吁王朝統治。在這樣的情

況下，永曆政權流亡到雲南和緬甸，也肯定不會得到預期的結果。1661 年（南明永曆十五年，清順治十八年），吳三桂率軍攻下雲南，隨後率十萬大軍進入緬甸，迫交出永曆帝。緬甸此時無力抵禦清軍，只好同意引渡永曆帝，以換取清軍撤兵。該年 8 月 12 日（夏曆七月十八日），緬王莽白派人告知永曆帝，要他明日一早過河和緬王飲咒水盟誓，以結友好。永曆帝及一些大臣都看出其中有詐，是一場鴻門宴，將有去無回。可是因寄人籬下，不能不去，只好派了兩位元大臣和部分文武官員前去赴約。第二天上午，馬吉翔一行到了緬軍駐地塔下，就被緬軍團團包圍。沐天波見有變故，立即持刀反抗，但是畢竟人少，最終大小官員 42 人全部被殺。永曆帝得知變故，準備逃走，但被緬軍趕到，將永曆帝的隨從三百餘人殺死，永曆帝則被引渡給吳三桂。這就是歷史上有名的「咒水之難」。次年，吳三桂在昆明篦子坡縊殺永曆帝，南明最終滅亡。此時還在雲南西南部抵抗清軍的李定國，問訊後悲憤成疾，於該年 6 月在勐臘病逝。至此，「永曆西狩」的故事也畫上了句號。

本文從全球史的角度出發，對「永曆西狩」這個歷史事件進行了新的解讀。這個解讀以近年來中國史學研究的兩大重要突破為背景。這兩大突破，一是「中原中心論」的突破，二是「中國中心論」的突破。傳統的中國史研究有以下缺陷：第一，主要著眼於「中原」（包括黃河和長江兩大江河的中下游地區）的歷史。一個政權一旦掌握了這些地區，就成為正統的「中央」，其他地區則是無關緊要的「邊緣」，那裏發生了什麼，似乎對中國歷史發展沒有多少影響。也出於這個原因，北方遊牧民族由於時常南侵，對中原造成

很大影響，而南方少數民族則較少對中原地區進行攻掠。因此以往中國史研究中，對於非漢族的歷史研究也「重北輕南」，即偏重於北方遊牧民族，而較為忽視南方少數民族，儘管在今天，南方的少數民族佔全國少數民族總人口的大半。第二，主要着眼於中國本身歷史的研究。到了近代，由於西方入侵，所以中國史研究重視西方對中國的影響。可是在近代以前，則本着「中國就是天下」、「中國就是世界」的心態，漠視中國周圍的國家對中國的影響，似乎這些鄰國僅只是「中華文明」的被動接受者，而他們對中國沒有多少影響。這些陳舊的看法，導致了我們對歷史認識的偏頗。本文所說的「永曆西狩」的重要意義，不僅在於「皇帝流亡外國」在中國歷史上獨一無二，而且也在於這個事件標誌着中國歷史上最後一個漢人王朝的覆滅，導致了東亞世界的整個格局的劇變。這是一個世界史上的重大事件。然而在以往研究中，它似乎不值一提。這種對歷史的藐視，就是以往研究的缺陷所致。

著名哲學家和史學家克羅齊（Benedetto Croce）説：「當生活的發展逐漸需要時，死歷史就會復活，過去史就變成現在的。羅馬人和希臘人躺在墓穴中，直到文藝復興歐洲精神重新成熟時，才把他們喚醒……。因此，現在被我們視為編年史的大部分歷史，現在對我們沉默不語的文獻，將依次被新生活的光輝照耀，將重新開口説話。」阿里斯（Philippe Ariès）則説：「今天的史學家以一種新的眼光、以一種不同於以前的標準，來重新閱讀那些已被他們的前輩們使用過的文獻資料。」只要眼光改變了，同樣的史料就會告訴我們不同的故事。在今天，當我們研究中國歷史時，要始終記住：中國由多個地區組成，「中原」只是中國的一部分，「中原」之外的地

區的歷史也應當受到同樣的重視；中國是世界的一個部分，不能孤立地研究中國歷史；除了西方，其他地區對中國歷史的發展也有重大影響。簡言之，必須把中國史研究放到全球史研究的框架內，才能更好地看到中國內部的變化。

從秦始皇到 ISIS
── 焚書的全球史

公元前 221 年發生在中國的「焚書坑儒」是一個有名的歷史事件，不僅在中國家喻戶曉，就連在外國也有許多人耳熟能詳。人們但凡提到秦始皇，無不馬上想到這件事。可是，如果把秦始皇的焚書之舉放到全球史的範圍內來看，我們可以發現這個「壯舉」並不是只有秦始皇做過，而是在許多國家歷史上多次發生過的事件。

在世界歷史上，焚書（英文為 book burning、biblioclasm、tomecide、libricide 等）活動可謂源遠流長。早在公元前 612 年，巴比倫人攻陷亞述國首都尼尼微後，將亞述王宮付之一炬，王宮圖書館中的大量藏書，儘管都是泥版書，也在這次浩劫中被毀。這是世界歷史上最早且有記錄的焚書活動，也開創了以後三千年人類焚書活動之先河。

世界歷史上的焚書，有許多是發生在戰亂時期。位於埃及的亞歷山大里亞圖書館，曾是古代西方世界最大的圖書館和學術中心，在羅馬時代曾在戰亂中數度被毀。公元 1258 年，蒙古人攻克阿拉伯帝國阿拔斯王朝的首都巴格達。當時巴格達是伊斯蘭世界的學術中心，那裏著名的「智慧宮」（亦稱益智宮、哲理大學）建立於公元 760 年代，由翻譯局、科學院和圖書館等機構組成，是「伊斯蘭黃金時代」整個伊斯蘭世界和歐洲最重要的綜合學術機構，收

藏着大量的書籍和手稿。到了此時，這些書稿已被蒙古人一把火燒了個精光。在第一次世界大戰期間，德國軍隊佔領比利時，魯汶大學收藏的三十多萬卷珍貴文獻（其中包括極為珍貴的復活節島文獻的手稿），也都毀於兵火。在中國，一旦發生戰亂，官私藏書也往往與整個城市玉石俱焚。秦朝末年，項羽入咸陽後，將秦始皇焚書之餘保存下來的官府藏書，連同咸陽一把火焚毀。清人劉大櫆寫了《焚書辨》，力證秦朝博士收掌之書未焚於秦始皇，而是項羽屠咸陽、燒宮室時才被燒毀。到了東漢末年，軍閥混戰。董卓放棄洛陽西撤時，將洛陽城付之一炬。唐末黃巢佔領長安後，不敵李克用率領的沙陀軍的凌厲攻勢，放棄長安東撤而去，身後留下的是一片火海的長安。在這樣的時候，東漢和唐兩代收藏的大量官私藏書當然無從倖免。公元 555 年，梁朝首都江陵城（今湖北江陵縣）被西魏大軍圍攻，城陷前夕，梁元帝下令將宮中收藏的 14 萬卷圖書全部焚毀，這些圖書是當時中國現存圖書的主體。一直到近代，戰亂燒書的情況依然存在。明永樂年間編成的《永樂大典》，全書二萬多卷，經過明清易代等變故，到咸豐朝還有近二萬卷，保存在翰林院。咸豐十年（1860）英法聯軍侵佔北京，翰林院遭劫掠，《永樂大典》大量丟失。光緒二十年（1894）翁同龢入翰林院清查時僅剩 800 冊。乾隆五十八年編成的《四庫全書》，總共抄寫了八部，分藏於文宗閣、文匯閣等藏書樓。道光二年（1842）第一次鴉片戰爭中，文宗閣本《四庫全書》遭英軍破壞。二十多年後，鎮江、揚州被太平軍攻克，文宗閣、文匯閣及其所貯《四庫全書》一同化為灰燼。

然而，世界史上的大多數焚書活動都是發生在和平時期。焚書的原因主要是出於意識形態。在中國，通常人們都説焚書始於秦始皇，但事實上，秦始皇的祖宗出於意識形態，早就已開始焚書了。秦孝公任用商鞅進行變法，商鞅「教孝公燔《詩》、《書》而明法令」。因此秦始皇焚書是有家傳的，只不過是他把這個工作做得更大更強了。到他統一中國後，丞相李斯上了一道著名的奏摺説：「臣請史官非秦記皆燒之。非博士官所職，天下敢有藏詩、書、百家語者，悉詣守、尉雜燒之。有敢偶語詩書者棄市。以古非今者族。吏見知不舉者與同罪。令下三十日不燒，黥為城旦。所不去者，醫藥卜筮種樹之書。若欲有學法令，以吏為師。」秦始皇做出批示：「可。」由此展開了這個舉世聞名的大焚書活動。

　　在中國之外的地區，情況也如此。公元前 7 世紀初，猶太國王約雅敬（Jehoiakim）焚毀了巴錄筆錄先知耶利米口述的《巴錄書》（*Book of Baruch*），原因是他不喜歡這部作品對巴比倫將入侵的預言。公元前 168 年，敍利亞塞琉古（Seleucid）王朝國王安條克三世（Antiochus III）下令將在耶路撒冷發現的猶太教律法書「全部撕碎並焚毀」，這是世界史上最早出於宗教原因的焚書事件。

　　在歐洲，公元 325 年的第一次尼西亞宗教會議後，羅馬皇帝君士坦丁反對並下令禁止三位一體論的阿里烏斯教派（Arianism），採取的手段包括系統地焚毀該教派的著作。在羅馬統治下的埃及，亞歷山大里亞圖書館曾在戰亂中數度被毀，但隨後又重建。到了公元 391 年，因為基督教主教德奧菲羅斯「對人們學習異教徒的讀物感到憤怒」，該圖書館首次以意識形態為由而被焚毀。此後，歐洲天主教會的宗教裁判進行過多次焚毀包含「異端思想」的書籍的活

動。1244 年，24 車猶太教的經典在巴黎街道上被焚燒。德國作家海涅（Heinrich Heine）說：西班牙的宗教裁判所言「在哪裏焚書，就在那裏殺人」，成為歐洲中世紀版的「焚書坑儒」。歐洲人征服美洲後，美洲原住民印第安人的書籍被天主教會焚燒殆盡。1562 年，天主教主教的德·蘭達寫道：「我們發現了大批用瑪雅象形文字寫的書，其內容只能視為迷信和謊言。我們把這些書全部都投入烈火！」

在歐洲之外，焚書活動也不絕於史。公元 637 年，阿拉伯倭馬亞王朝軍隊攻陷波斯薩珊王朝首都泰西封，指揮官薩阿德·賓·阿比·瓦卡斯向哈里發歐麥爾一世請示如何處理薩珊王朝圖書館的藏書。歐麥爾回答說：「如果那些書與《古蘭經》一致，那它們沒有用，也不必保存；如果不一致，那就是有害的，應該予以銷毀。」結果，幾代波斯科學家和學者留下的巨量書籍被投入烈焰。阿拉伯軍隊於公元 640 年佔領埃及後，哈里發歐麥爾一世也做了同樣的指示，於是珍藏在亞歷山大里亞圖書館裏的草紙書和羊皮書，悉數被送到在全城 4,000 家公共浴室裏做燃料，六個月還沒有燒完。在南亞，公元 1193 年巴克提亞·契吉率領穆斯林軍隊攻入比哈爾邦和孟加拉。印度佛教最高學府那爛陀寺（唐代高僧玄奘法師曾經留學的地方）及佛教大寺飛行寺、超岩寺等都被洗劫一空。那爛陀寺多個世紀所積存的數十萬卷珍貴文獻全被焚燒無遺。

進入 19 世紀，由意識形態開展的焚書活動繼續進行。在中國，信奉拜上帝教的太平天國將以儒家學說為核心的中國傳統文化視為異端，大力剷除。陳旭麓先生指出，太平天國可以算作歷史上頭一次大規模的反孔群眾運動了，因為太平軍所過之處，往往焚學

宮，木主，至十哲兩廡，狼藉滿地。入南京後又大規模地搜書和燒書，規定「搜得藏書論擔挑，行過廁溷隨手拋，拋之不及以火燒，燒之不及以水澆。讀者斬，收者斬，買者賣者一同斬，書苟滿家法必辦」。曾國藩指出此舉使得「舉中國數千年禮義、人倫、詩書、典則一旦掃地蕩盡」。在西方，這種焚書活動也時有發生。19 世紀末，一個名叫安東尼・康斯托克的人說服了美國國會通過一個打擊淫穢製品的法案，並帶頭成立了「紐約鎮惡協會」，專門打擊與性有關聯的任何書籍。「紐約鎮惡協會」的圖章由兩部分組成，一部分是員警將惡棍帶入監獄，另一部分是一位維多利亞紳士在書堆上點起熊熊大火。康斯托克的打擊面相當廣，連馬克・吐溫（Mark Twain）的《頑童歷險記》（*Adventures of Huckleberry Finn*）也被認為是不良讀物。各種宣傳避孕的資料，更被認為是有傷風化的。銷毀書籍的主要方法便是焚毀。康斯托克聲稱，他領導協會期間一共燒毀了 15 噸書籍、284,000 磅「有異議」文字的印版，以及 400 萬張圖片。

進入 20 世紀後，出於意識形態的焚書活動不僅依然在繼續，而且愈演愈烈。焚書事件發生愈來愈頻繁，規模愈來愈大。

蘇聯建立後，為了維護「社會主義的純潔性」，提出要創建一個無產階級的「真空」環境以避免人們遭到毒害。「清除環境」的第一步就是焚毀「政治上有害的圖書」，消除「人民敵人」的腐蝕和毒害。1922 年 6 月 6 日，蘇聯國家文學與出版管理總局正式成立，擬定了一份禁書名單，起初只是列出不宜公開的禁書，後來則包含所有公眾不宜的出版物。名單上的禁書，無論本國還是外國作品，都一概沒收，交與人民內務委員會封存。若禁書印數太多，

就大量銷毀。在這個「焚書」運動中被銷毀的圖書資料數量驚人。1938 年被宣佈為政治反動的圖書達 10,375,706 種、宣傳畫 223,751 種，同時還有 55,514 種外文報刊被銷毀。從此「『人民敵人』的成千上萬冊圖書從各個圖書館中取締，只有少數個人敢於在自己的私人藏書中保留這些書籍」。在 1938 至 1939 年間，超過 2,400 萬本「有害書籍」被化為紙漿。

20 世紀前半期最著名的焚書活動，莫過於 1933 年德國的「焚書大典」。1933 年 1 月 30 日，希特拉被任命為德國政府總理，納粹黨從台下走到了台上。1933 年 3 月，德國的大學生成立了「德國大學生新聞和宣傳總局」，向出版自由、新聞自由宣戰。宣傳總局成立後發佈了「一號通函」，宣佈他們將採取行動：「作為宣傳總局的第一個措施，將從 1933 年 4 月 12 日開始，5 月 10 日結束，進行一個為期四周的總行動，所有的大學生和全德公民都要參加。」緊接著兩天後又發佈了「二號通函」，要求大學生對「因不加思考或無知而弄進來的」書籍首先進行清理，接着把清理範圍擴大到朋友和熟人的書架、公共圖書館，最後還要求每個人必須在自己的影響範圍內進行大規模宣傳。隨後，德國大學生聯合會公佈了「打倒非德國精神的 12 條論綱」，宣稱：「我們必須把非德國的精神從公共圖書館裏清除乾淨。」4 月 26 日開始，德國大學生們按圖索驥，開始到各家書店、圖書館沒收圖書，為防止遇到反對和抵抗，他們身穿着黨衛軍制服，威嚇圖書的擁有者。1933 年 5 月 10 日，大學士們舉行了「焚書大典」。那天晚上，在大學生聯合會的組織下，成千上萬的大學生高舉火炬，遊行到柏林大學對面的菩提樹下大街廣場，把堆積在那裏的 20,000 冊書付之一炬。這些學生

宣稱：「凡是對我們的前途起着破壞作用的、或者打擊德國思想、德國家庭和德國人民的功力的根基的任何書籍，都要付之一炬！」納粹宣傳部長戈培爾在這些學生的歡呼聲中發表演講説：「在這火光中，不僅一個舊時代結束了；這火光還照亮了新時代！」

美國記者伯查爾忠實地記下了這個事件：

今晚，在絕大多數德國大學城裏，那些激情昂揚的學生激進分子們正舉行焚書儀式，燒毀那些體現非德意志精神的文學書籍、小冊子、函件和記錄。伴隨着這一行動的是火把遊行、軍樂和大喊大叫的愛國演講，其熱鬧程度遠遠超過英格蘭的福克斯節。

在德國，有大約三十所大學，起碼每州一個。每所大學都應點燃自己的大火，但在科隆、海德堡和其他一些地方的焚書儀式被推遲到下個星期舉行。

各地舉行的焚書儀式有所不同，但這種不同主要是程度上的差異。柏林的活動自然是規模最大的，而且這裏所發生的一切多多少少地反映了德國其他地方的情況。大約有四萬人聚集在歌劇院和柏林大學之間的廣場上，站在濛濛細雨中觀看所發生的事件。也許還有四萬多人站在五英里長的大街兩旁，注視着那些手持火把的學生護送滿載將要燒毀的書刊、小冊子的汽車通過。這些裝書的卡車是借來的，小汽車是私人的。但這一切對一般的旁觀者來說顯得異常的幼稚可笑。

五千名男女學生參加了遊行隊伍。他們代表了不同的學生團體，每個團體全戴着顏色不同的帽子，有紅色的、綠色的、紫色的和藍色的。此外，遊行隊伍裏還有一隊選出來的納粹敢死隊軍官。他們戴着長毛絨寬頂無沿圓帽，腿着馬褲，上身穿着緊身短衣，腳蹬帶着鐵釘的高筒皮靴。學生和軍官們扛着旗幟，唱着納粹歌和校園歌來到了廣場，此時已是子夜時間。

　　廣場上，在一段用厚厚的沙子圍起來的花崗岩人行道上，人們用圓木頭交叉堆起了一個長寬十二英尺，高五英尺的柴垛。在遊行隊伍還沒有到來之前，一支納粹樂隊一直起勁地吹着。遊行的先頭隊伍終於來到了。它經過柴垛，在預先定好的一大塊地方聚集起來。

　　當遊行者路過柴堆時，他們將手中點燃的火把一個一個地扔向那裏，直到整個柴垛全部起火。接着開始焚燒書籍。裝書籍的汽車就停在不遠處，每組學生都要抱下一堆書扔到火裏。一股氣流捲起了火堆中的灰燼，洋洋灑灑地飄向遠方。開始時，每當一些書被扔進火裏，人們還都歡呼一番。

　　接着，身穿納粹軍服的學生領袖古特亞發表講話。他說，他和他的同學來到這裏是為了燒毀那些可能瓦解民族運動的「非德意志」的書和文件。他們為自己的行動而感到高興，並相信從今以後，德國文學一定會純潔起來。這是一通孩子般的講話，受到了學生們孩子氣的熱情歡迎。

第二次世界大戰以後，因意識形態而焚書的活動在第三世界國家更是頻頻發生。利比亞領導人格達費（亦譯為卡扎菲，Muammar Muhammad Abu Minyar al-Gaddafi）於 1973 年初發出了「撕掉所有不表述阿拉伯主義、伊斯蘭教、社會主義和進步的進口書籍」的號召，成千上萬手持「小綠書」（即《卡扎菲語錄》）的利比亞學生予以熱烈響應。1996 年阿富汗塔利班取得政權，為了建立「世界上最純潔的伊斯蘭國家」，組織了宗教員警，由「道德促進與惡行防範部」指揮，掃蕩一切不符伊斯蘭教法的思想和行為，開展禁止和銷毀「危害伊斯蘭文化」的書籍的運動。

　　書籍在 20 世紀的中國也是命途多舛。1966 年 6 月 1 日，「文革」大幕正式拉開，《人民日報》發表了題為〈橫掃一切牛鬼蛇神〉的社論，明確提出「要徹底破除幾千年來一切剝削階級所造成的毒害人民的舊思想、舊文化、舊風俗、舊習慣」。1966 年 8 月 17 日夜，北京第二中學的紅衛兵擬就了《最後通牒 —— 向舊世界宣戰》的戰鬥宣言，宣佈要「砸爛一切舊思想、舊文化、舊風俗、舊習慣」。在 1966 年 8 月 18 日天安門廣場舉行的「慶祝文化大革命」的大會上，林彪借用清華大學附屬中學紅衛兵〈論無產階級革命造反精神萬歲〉大字報中的話號召：「我們要大破一切剝削階級的舊思想、舊文化、舊風俗、舊習慣，要大立無產階級的新思想、新文華、新風俗、新習慣！」在這個戰鬥號令的鼓動之下，從次日清晨開始，紅衛兵們便在北京開始了「砸爛舊世界」的行動。1966 年 8 月 22 日，中央人民廣播電台在黃金時間裏播送了北京掃「四舊」的消息。次日《人民日報》發表了社論〈好得很〉，歡呼說：「我們為北京的紅衛兵小將們的無產階級革命造反精神歡呼！……紅衛

兵小將們以毛澤東思想為武器，正在橫掃一切剝削階級的舊思想、舊文化、舊風俗、舊習慣的灰塵。」隨即又在社論〈不准抹殺紅衛兵的功勳〉中號召紅衛兵對「那些吸血鬼、寄生蟲」動手，「把他們的金銀財寶、殺人武器、變天賬拿出來展覽！」於是紅衛兵放手大幹，抄家之風席捲全國，出現了大抄家浪潮，全國有一千多萬人家被抄。

除了「金銀財寶、殺人武器、變天賬」外，「封、資、修」書籍也是「掃四舊」的主要目標。中國傳統的（「封」）、西方的（「資」）和前「老大哥」蘇聯的（「修」）的書籍都在「橫掃」之列，而且由於「解放 17 年來，文化教育是修正主義把持了」，因此在 1949 至 1966 年的 17 年中出版的絕大多數書籍，也逃不脫被「橫掃」的厄運。除了馬列毛著作和魯迅著作等少數書籍外，連《紅岩》、《紅旗譜》、《紅旗飄飄》等在「文革」前作為革命傳統教育教材的革命文學作品，以及《十萬個為什麼》等提倡科學知識的科普作品，都一概未能倖免。在 1966 年 8、9 月，焚書活動達到高潮。北京的書店裏，除毛澤東和馬、列的著作外，幾乎所有的文學藝術、社會科學的書，都被當作「封資修的黑貨」被銷毀查封。

這些被「橫掃」的書籍下場如何呢？郭沫若先生於 1966 年 4 月 14 日在全國人大常委會第三十次（擴大）會議上的檢討中說：「拿今天的標準來講，我以前所寫的東西，嚴格地說，應該全部把它燒掉，沒有一點價值。」這句話不幸一語成讖，到了當年的「紅八月」就在全國成為了現實。由於毛澤東發話說「郭老還是要保的」，所以郭先生寫的書雖被封存，但還是逃脫了被焚毀的厄運。然而其他無數被貼上「封資修」標籤的書籍，就沒有那麼幸運了。

沈從文先生當時在中國歷史博物館工作。軍管會的軍代表指着他工作室裏的圖書資料說:「我幫你消毒,燒掉,你服不服?」沈從文惶恐地回答說:「沒有什麼不服。」於是,包括明代刊本《古今小說》在內的幾書架珍貴書籍都被搬到院子裏,一把火燒成了灰。字畫裱褙專家洪秋聲先生,人稱古字畫的「神醫」,裝裱過無數絕世佳作,如宋徽宗的山水、蘇東坡的竹子、文徵明和唐伯虎的畫等。幾十年間,經他搶救的數百件古代字畫,大多屬國家一級收藏品。他費盡心血收藏的名字畫,如今只落得「四舊」二字,被付之一炬。事後,洪老先生含着眼淚對人說:「一百多斤字畫,燒了好長時間啊!」北京的紅衛兵在東單體育場舉行大規模焚書活動,場中堆放着小山般的圖書。從西城區福綏境 1,061 戶居民家中抄出的圖書字畫,被焚燒了八天八夜。8 月 23 日,北京印刷學校、女八中等校二百餘名紅衛兵,在國子監孔廟大殿的前院,焚燒北京市文化局所屬各劇院存放在孔廟的大批戲裝,其中也有圖書。市文化局、文聯三百屬下的蕭軍、老舍、駱賓基、端木蕻良、苟慧生、馬富祿等 29 個「黑幫分子」,被強迫頭杵地跪伏在熊熊燃燒的火堆周圍,並被手持演戲用的刀槍棍及銅頭皮帶的紅衛兵毒打。24 日,梁漱溟先生家被抄,紅衛兵把梁家幾代珍藏的圖書、字畫和舊式衣物,包括他正在撰寫的《儒佛異同論》手稿及參考資料,統統搬到院子裏焚燒。25 日,歷史學家顧頡剛先生家被抄,數千封信箚及數千張照片被燒毀,歷時三日。

　　紅衛兵焚書無遠弗屆。遠在天邊的雲南江城哈尼族彝族自治縣,離北京足有三千公里,可革命不落人後:「除馬克思、恩格斯、列寧、史達林、毛澤東的著作外,其他書籍都被列為『四

舊』，大量焚燒」。黑龍江省中蘇邊境上的嘉蔭縣，中學生衝進縣文化館，將戲裝、圖書搬到街上，全都燒成了灰。燒書污染空氣，送到造紙廠打成紙漿才是好辦法。江浙一帶人文薈萃，明清兩代五百年，著名書畫家大部分都出在那裏，留存至今的古籍特別多，破四舊的成果也就特別大。僅在寧波地區被打成紙漿的明清版的線裝古書就有 80 噸。在來勢兇猛的「破四舊」運動中，有兩千多年不間斷的文化積累的曲阜孔府遭到滅頂之災。從 1966 年 11 月 9 日至 12 月 7 日，共有六千餘件文物被毀，古書二千七百餘冊被燒，各種字畫九百多軸、歷代石碑一千餘座被毀，其中包括國家一級保護文物的國寶七十餘件，珍版書籍一千多冊。

由此可見，焚書活動貫穿了人類的文明史。這裏我們要問：為什麼人類歷史上會有如此之多的焚書活動呢？

書是什麼？蘇聯作家高爾基說：「愛書吧，這是知識的源泉」，「每一本書都在我面前打開了一扇窗戶，讓我看到了一個不可思議的新世界。」書之所以被稱為知識的源泉，因為它是知識的主要載體，從中我們可以獲得人類創造出來的精神財富。不過知識有多方面的作用。古代希臘哲人蘇格拉底使用希臘文 *pharmakon*（藥）作為寫作的隱喻，認為讀書是一把雙刃劍：既可治病，但也有可能成為毒藥。這種看法也成為人們對書籍的基本看法。1533 年英國前上議院大法官湯瑪斯・莫爾（Thomas More）強烈反對新教改革，宣稱新教神學家威廉・廷代爾（William Tyndale）所著的文章像「具傳染性的鼠疫一樣蔓延開來」，所以必須嚴禁。作家林達在一本暢銷書《一路走來一路讀》中說：禁書只有一個原因，就是承認那書本裏承載的是「危險的思想」。歷史上那些因意識形態而焚書的狂

熱分子，都堅信說他們這麼做是為了堅持自己信奉的主義，是為了純潔社會大眾的精神世界。然而，正如林達所言：「歷史一再證明，今天看來是危險的思想，明天卻會成為常識。一些權勢人物判定的危險書籍，卻可能是公眾知識不可或缺的來源。禁書似乎有理，卻從來沒有成功」。在「文革」後期的「儒法鬥爭」運動中，毛澤東指定唐朝人章碣寫的《焚書坑》詩作為全國人民的重要學習材料。該詩首句云：「竹帛煙銷帝業虛」。這句詩似乎一語成讖，「儒法鬥爭」運動連同整個「文化大革命」很快就走入了歷史的垃圾堆。確實，任何以焚書為象徵，旨在毀滅「人類創造的一切財富的知識」的運動，是註定要失敗的。

雖然從長遠來說焚書從來沒有成功，但是我們也要注意：焚書並未從我們生活的世界上消失。即使到了科學昌明的 21 世紀，焚書事件仍在不斷發生。2013 年 1 月，非洲國家馬里的伊斯蘭叛軍燒毀了兩座藏有珍貴的 13 世紀手稿本的檔案館。這些文檔涵蓋了非洲撒哈拉以南地區中世紀的歷史，幾乎完全沒有被電子化或以任何其他形式記錄。由於學界還沒有對該地區那一時期的歷史展開研究，那些書籍也沒有被翻譯，其中的資訊就這樣永久丟失了。到了 2015 年，極端組織伊斯蘭國（ISIS）燒毀了伊拉克境內摩蘇爾市的一個公共圖書館，館內八千餘冊書珍貴的舊書和手稿全部被毀。在伊拉克西部的安巴爾省，ISIS 已經焚毀了超過十萬本書。為什麼這種倒行逆施的行為能夠在今天出現？它還能夠延續多久？還是需要人們思考的問題。

中國古話說：「前事之不忘，後事之師。」為什麼這樣說呢？原因即如哲學家喬治・桑塔耶拿（George Santayana, 1863–1952）

的名言所說:「那些不牢記過去的人,註定要重複過去發生的事(Those who cannot remember the past are condemned to repeat it)。」以建構世界體系理論著稱的沃倫斯坦(Immanuel Wallerstein)說:「(歷史)書寫真的是可怖的」。從歷史來看,焚書確實是可怖的。一般而言,人們總是力求避免可怖之事發生,但是焚書這種可怖事件卻在人類歷史反覆發生。之所以如此,主要原因是人們總是忘記過去。這一點,對於我們中國人來說也不例外。今天許多中國人似乎並未把歷史上的焚書看作一件多了不起的事。這並不奇怪,因為在很長一段時期裏,像秦始皇焚書坑儒這樣的暴行在中國一直受到頌揚,從而影響了幾代中國人對焚書的看法。1974 年第 7 期的《紅旗》雜誌發表了題為〈從銀雀山竹簡看秦始皇焚書〉的署名文章,第一句話就開宗明義地宣稱:「兩千二百年前,新興地主階級的傑出政治代表秦始皇,為着鎮壓反動奴隸主的復辟活動,採取了堅決果斷的革命措施——焚書坑儒。它狠狠打擊了奴隸主階級的復辟勢力,禁止他們利用反動孔學製造復辟輿論,對鞏固新興地主階級的中央集權制度起了重要的作用。」該文還斬釘截鐵地宣稱:「秦始皇焚書,是一場關係到前進還是倒退、統一還是分裂的尖銳的政治鬥爭」,並告誡全國人民;「秦始皇焚書,是『消滅文化』嗎?咒罵改變不了歷史。上述事實已表明,秦始皇焚書,不但沒有『消滅文化』,相反,對一切進步文化是採取保護的態度。」這裏要指出的是,這個今天聽起來也是驚世駭俗的說法,卻是以往多年中國人被教導的觀點。在「文化大革命」前後,各高校中國通史教材大抵套用「兩分法」的模式,對焚書坑儒也「一分為二」。直到 1980 年代後期,由十所院校編寫的、福建人民出版社出版的《中國古代史》依然告訴學生們說:「秦始皇焚書坑儒是『師古』與『師今』,

兩種政治思想鬥爭激化的表現，在當時的歷史情況下，為了鞏固統一，禁止『以古非今』的反動活動，採取統一思想的措施是必要的。不過焚書坑儒的手段是愚蠢而又殘暴的，特別是焚書毀滅了許多古代的文化典籍，造成了文化上的重大損失」。這個結論貌似公正，但仍然為焚書坑儒留下了一條光明的尾巴。到了今天，還有人用「偉人犯的錯誤不算問題」的邏輯為秦始皇焚書開脫。正因如此，無怪乎不少中國人並不認為焚書是一件多了不起的事。

然而，今天我們絕大多數人都同意：不論出於什麼動機，焚書都是應當譴責的。焚書的實質是反智主義，表現了愚昧對知識的敵視。如果我們今天對歷史上的焚書予以肯定，那麼就如馬克思在《黑格爾法哲學批判導言》中所說的那樣，是「以昨天的卑鄙行為來為今天的卑鄙行為進行辯護」。人們只有深刻地反省過去，才能避免書籍被焚的悲劇的重演。